Joy SMITH

Mi Primer Libro Para Colorar

Animales Para Niños Pequeños A partir de 2 años

¿Quieres regalos?
Escríbanos por correo electrónico a : autor.joysmith@gmail.com

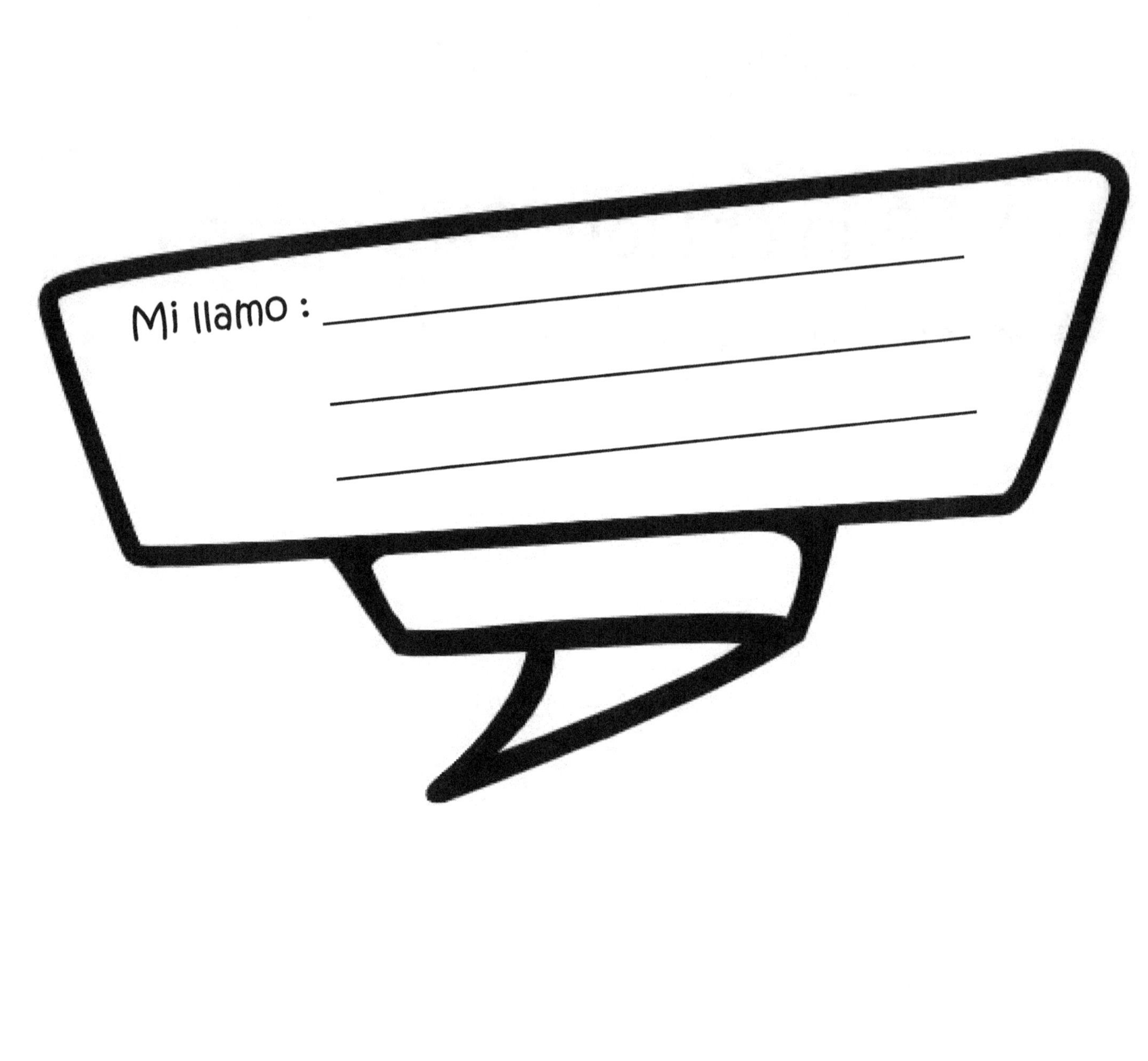
Mi llamo :

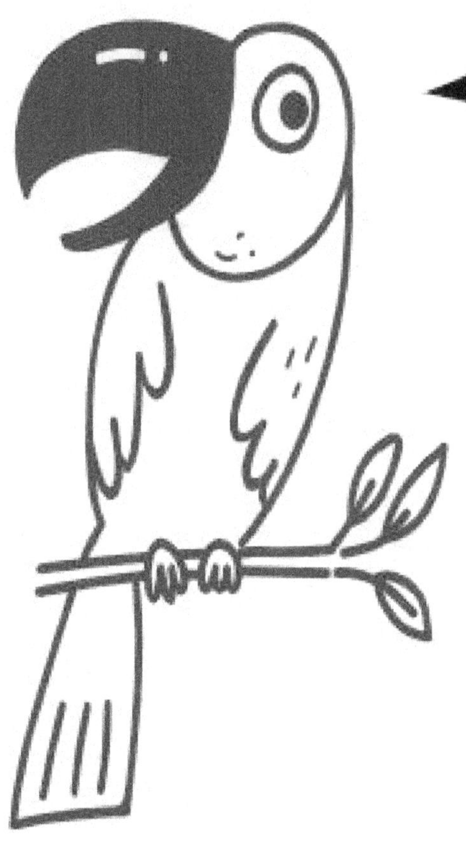
Hola, mi nombre es Ralfi el loro. Los invito a una increíble aventura en el mundo de los animales... Vámonos.
tiñendo juntos!

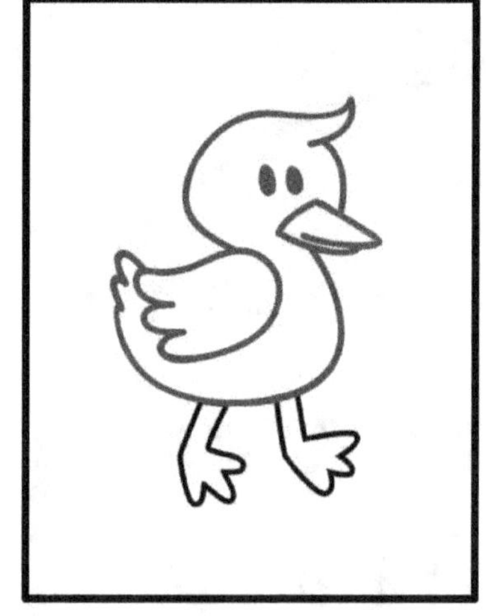
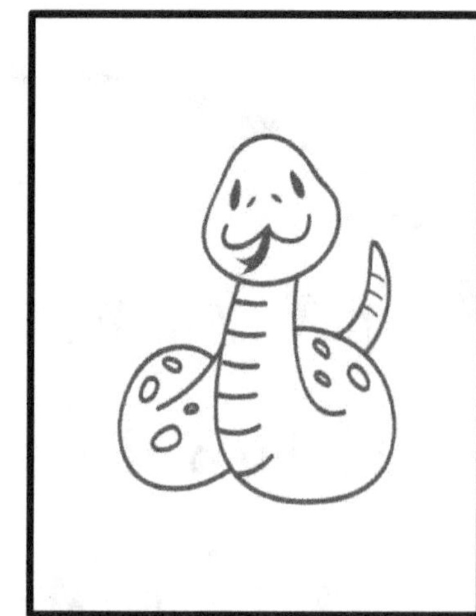
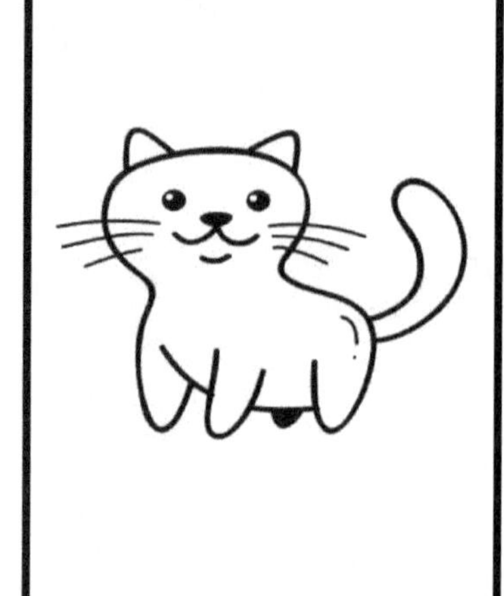
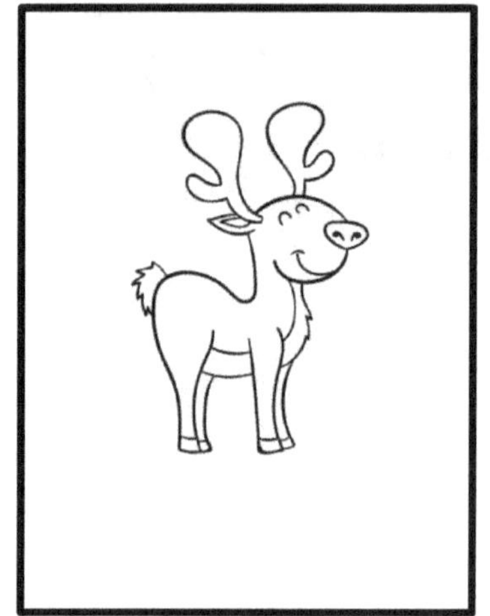
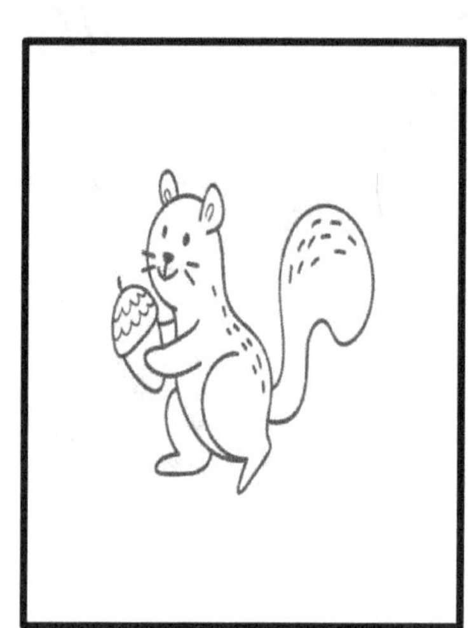
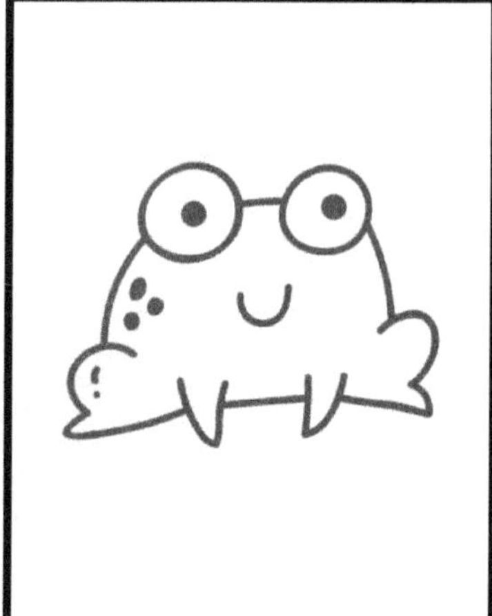
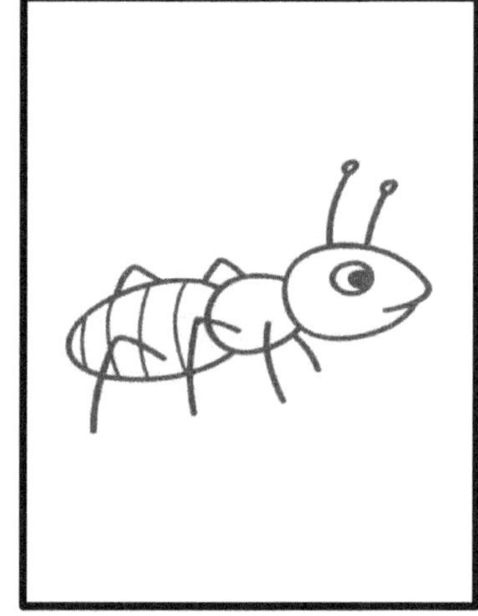
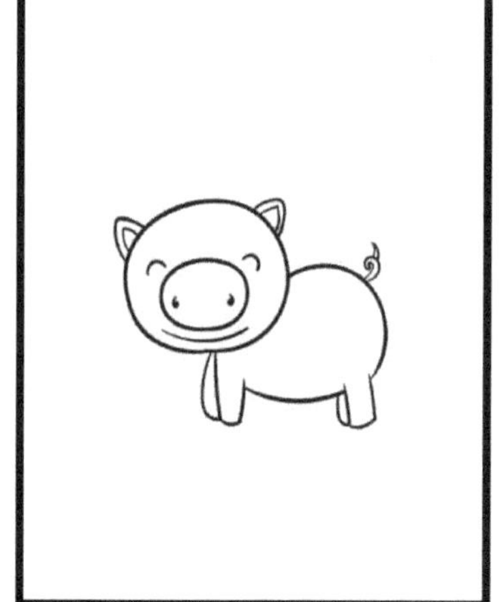
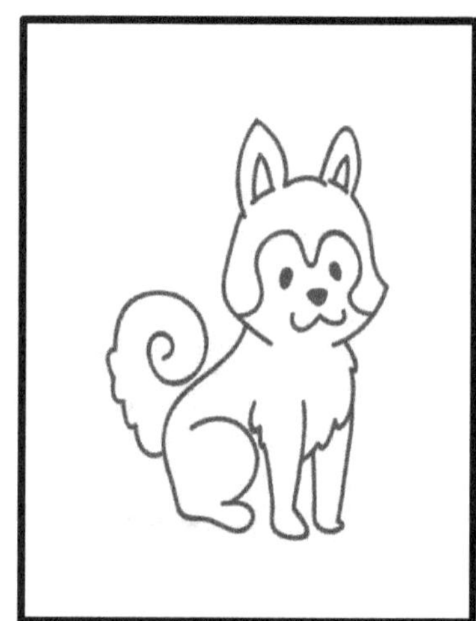

algunos consejos para una agradable experiencia de coloración:

- Utiliza los lápices más adecuados y pruébalos usando la página de prueba de herramientas de coloración

- Empieza con los colores más claros para recuperar los derrames y los errores con los colores más oscuros

- Sumérgete en tu dibujo: tómate el tiempo de saborear cada momento que pases coloreando

- Siéntete libre de recortar y mostrar tus obras de arte favoritas

Pruebe sus colores aquí

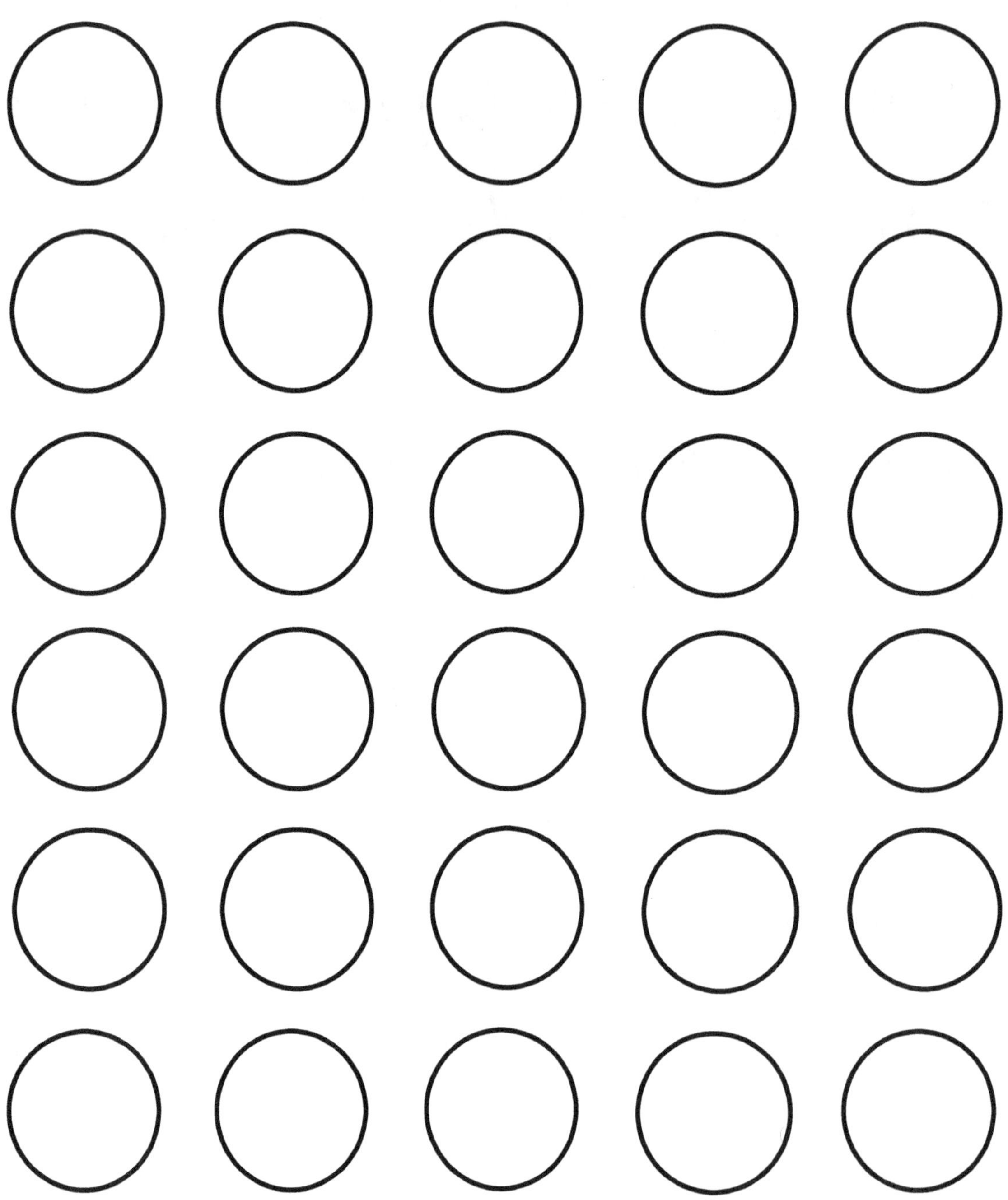

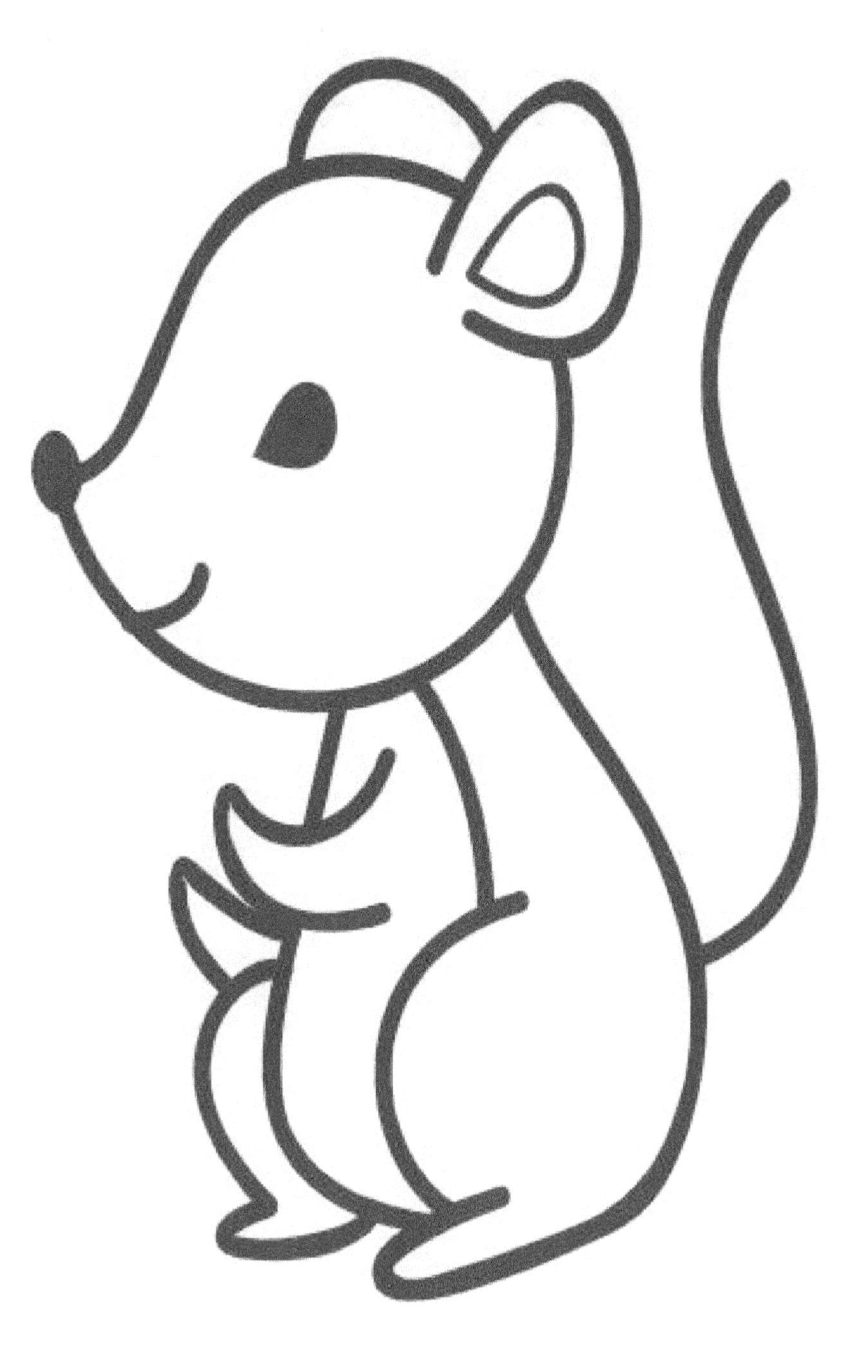

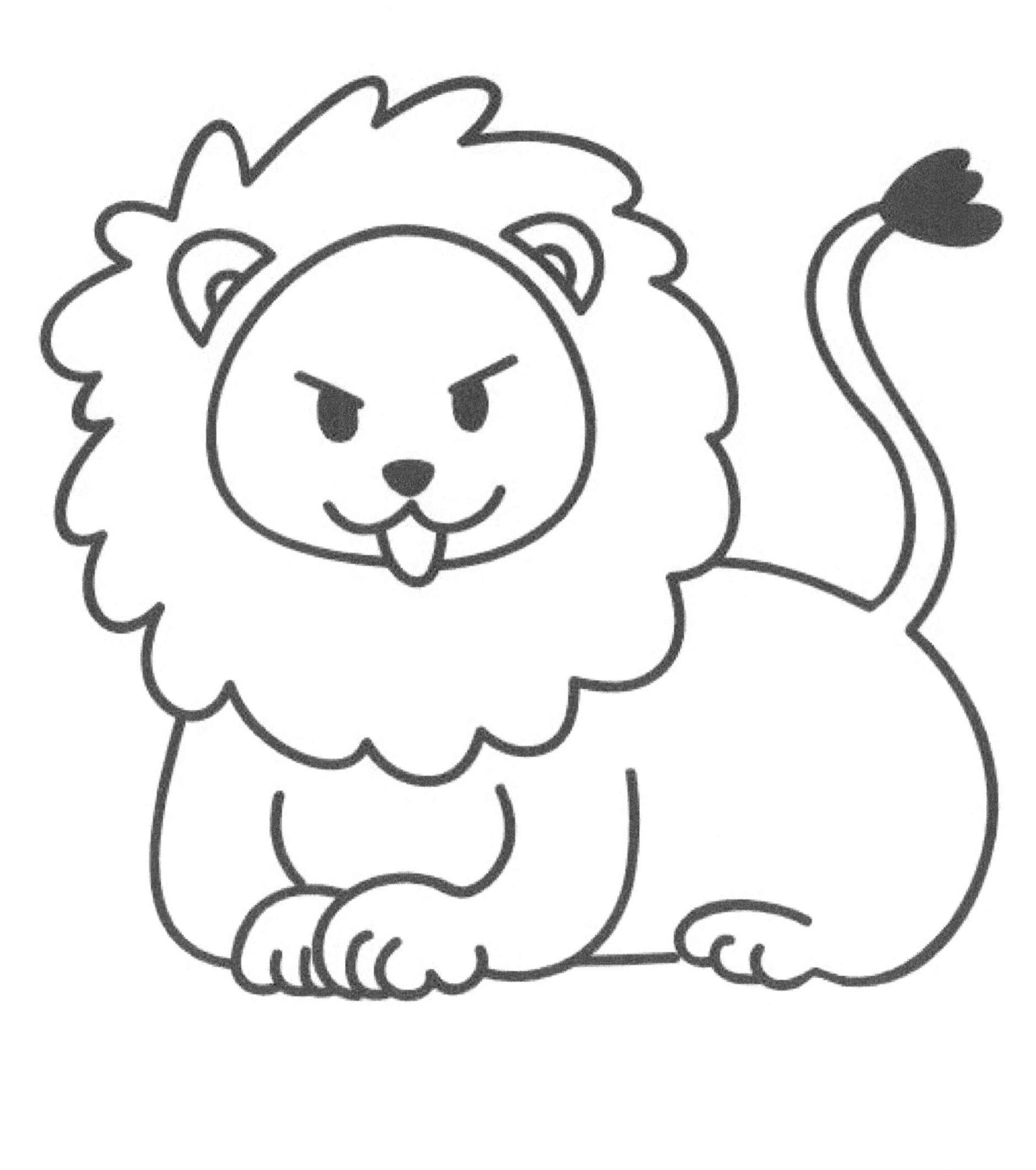

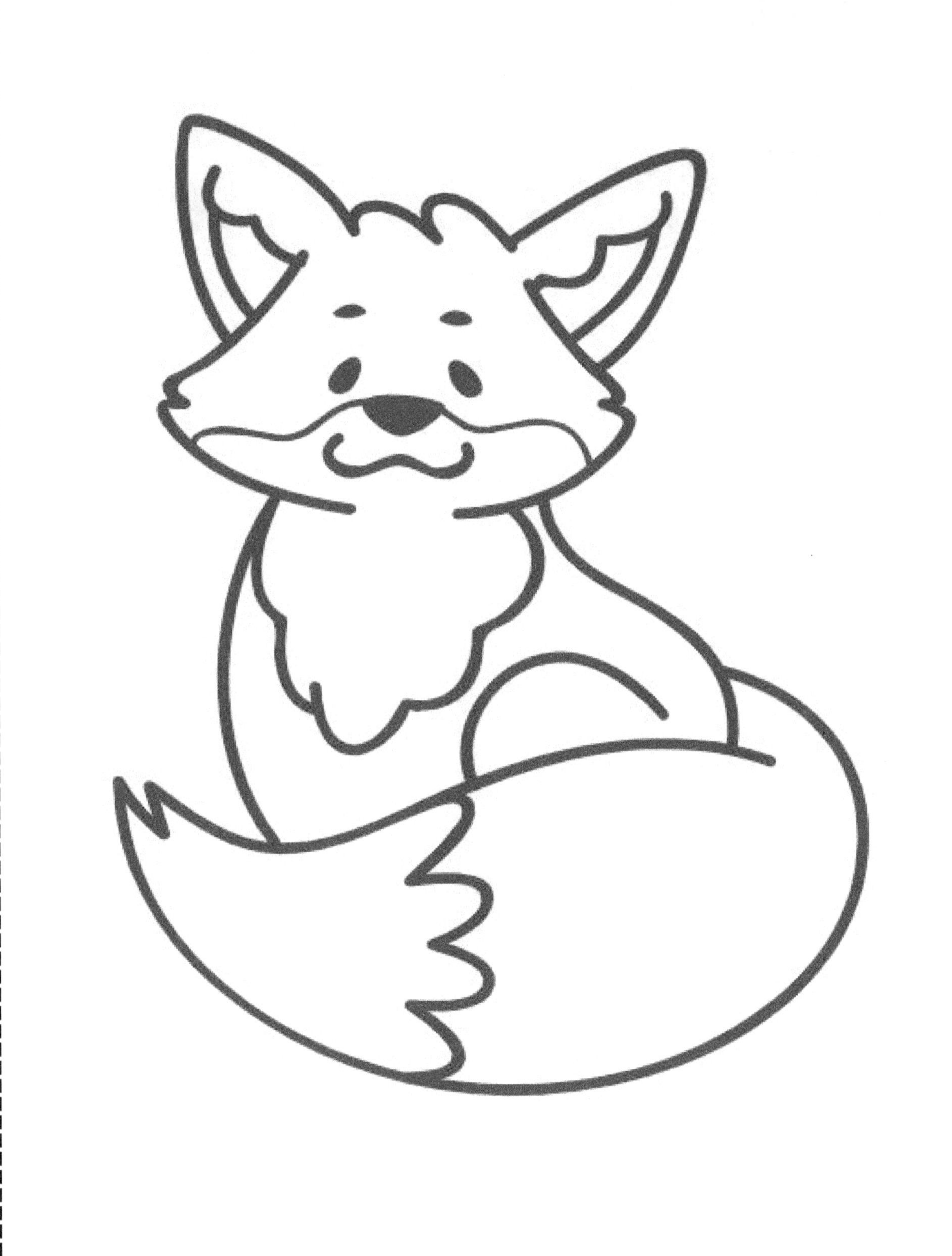

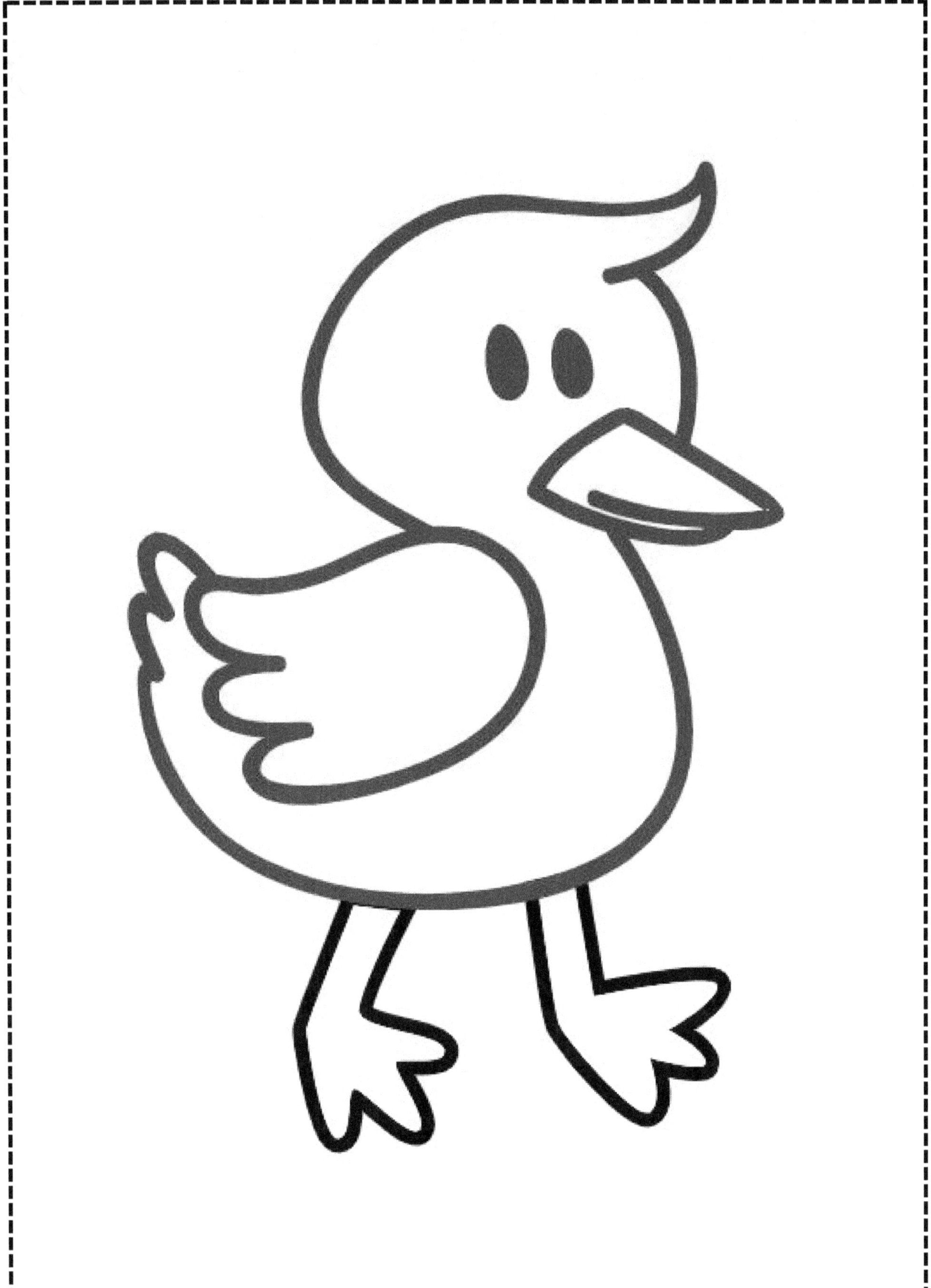

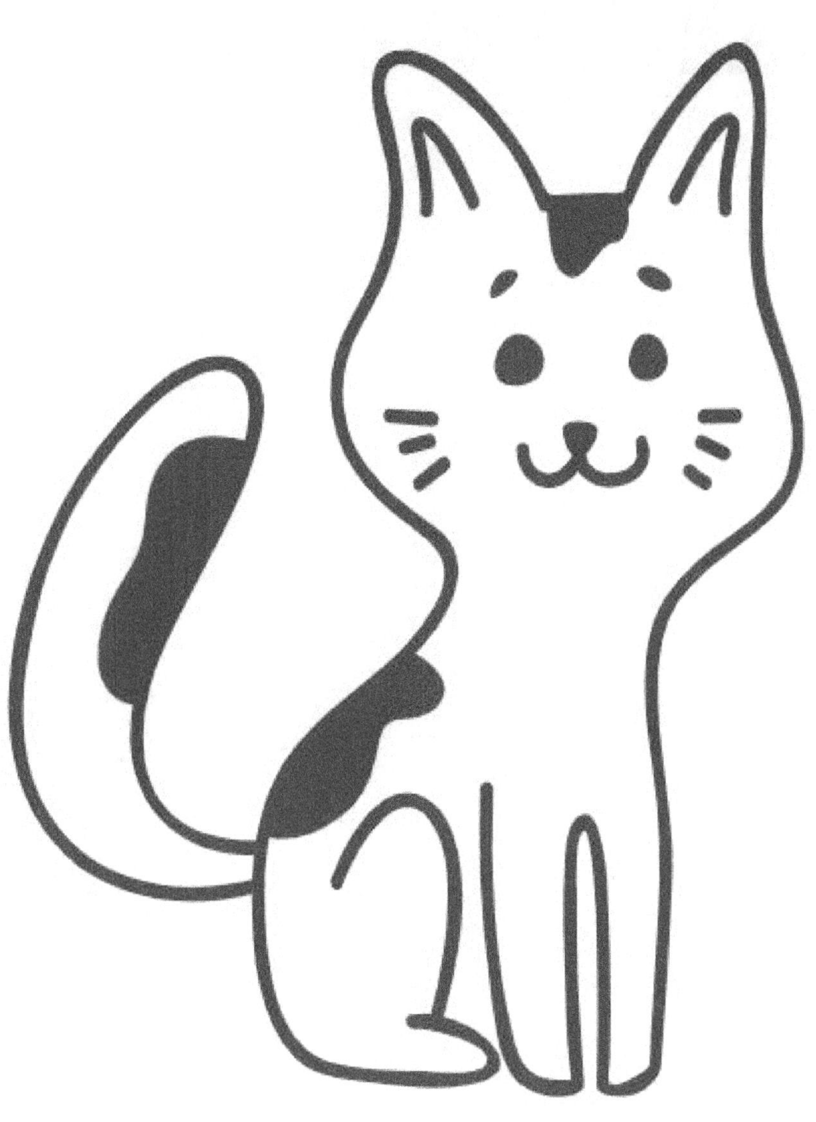

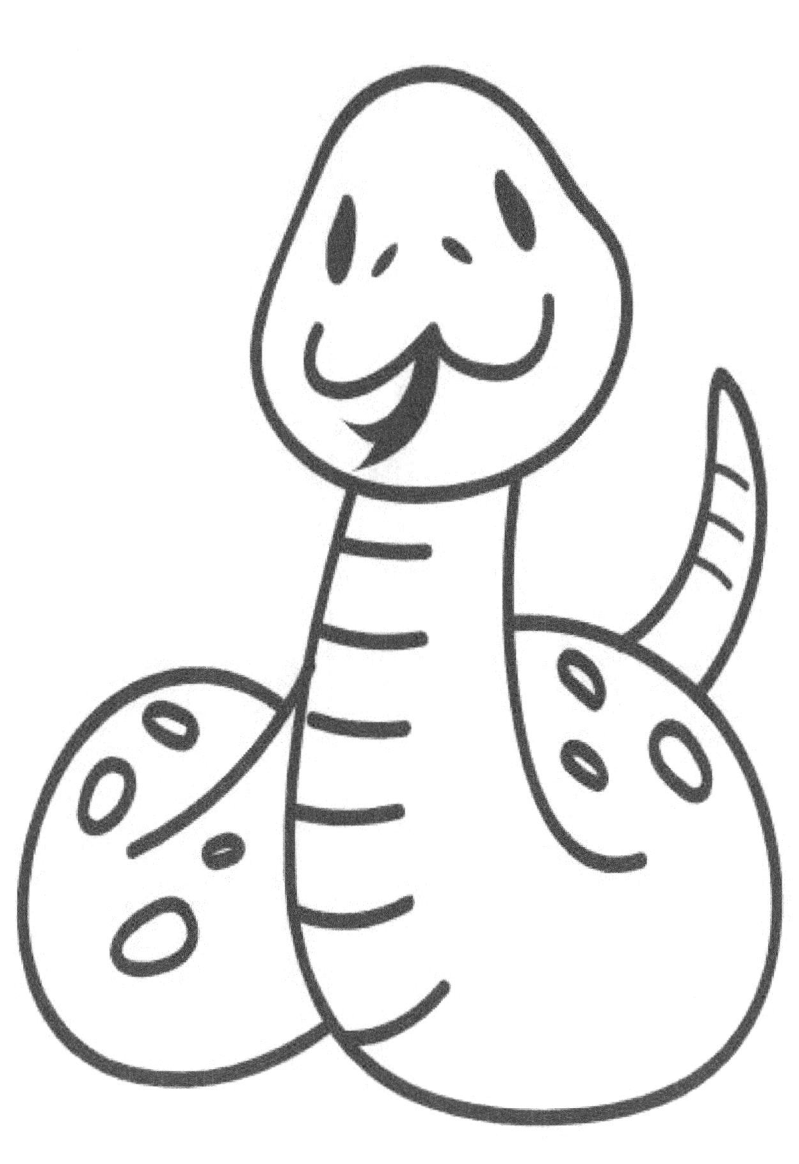

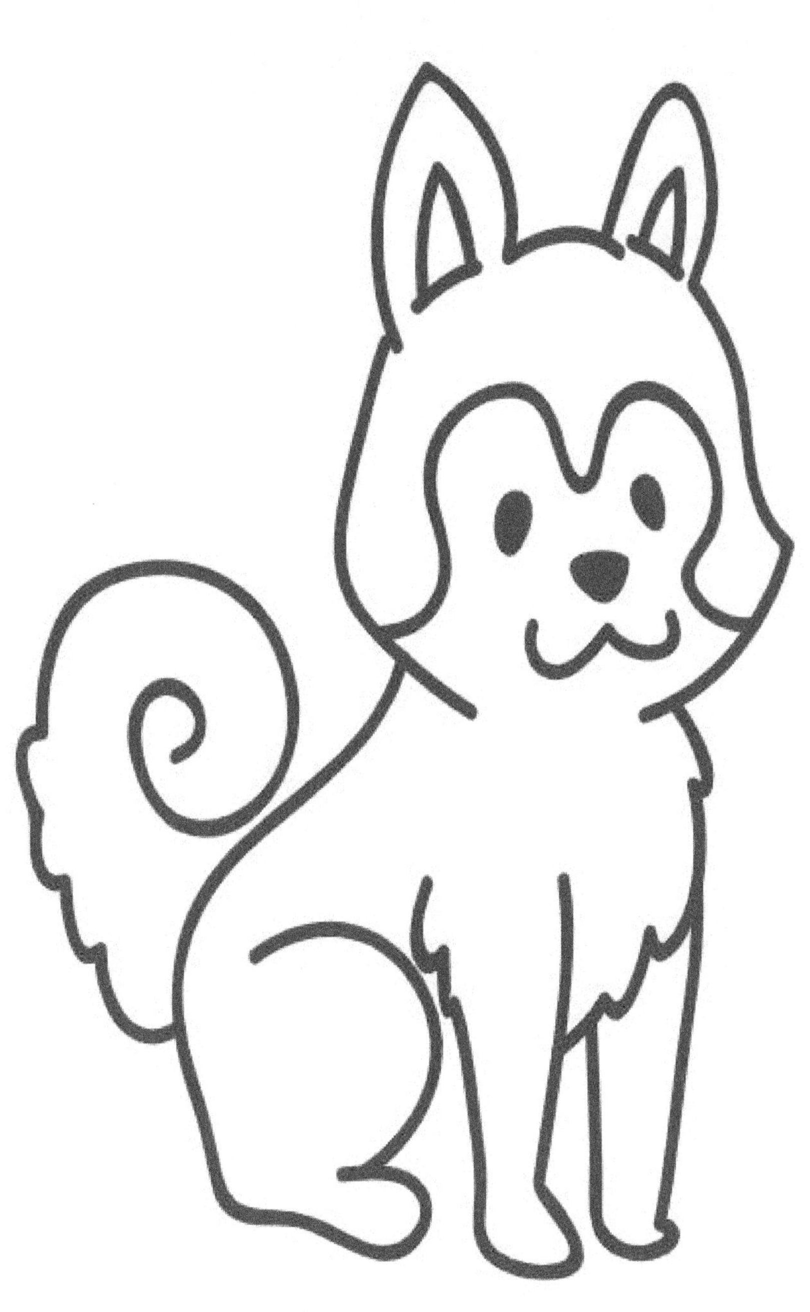

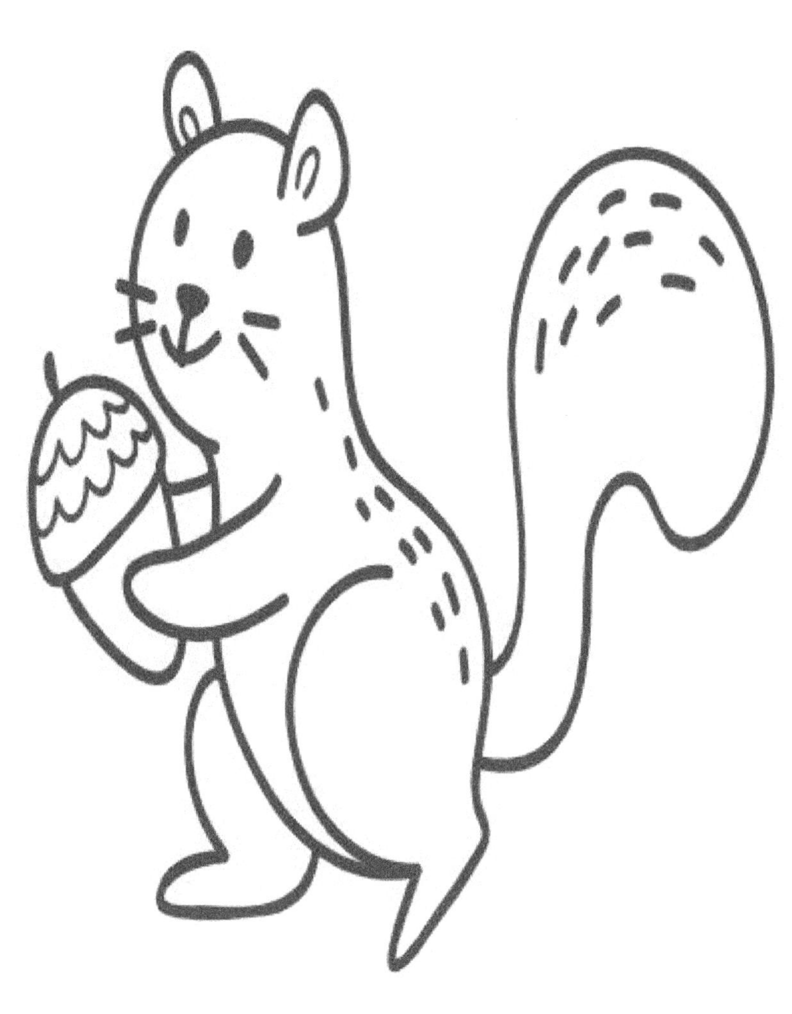

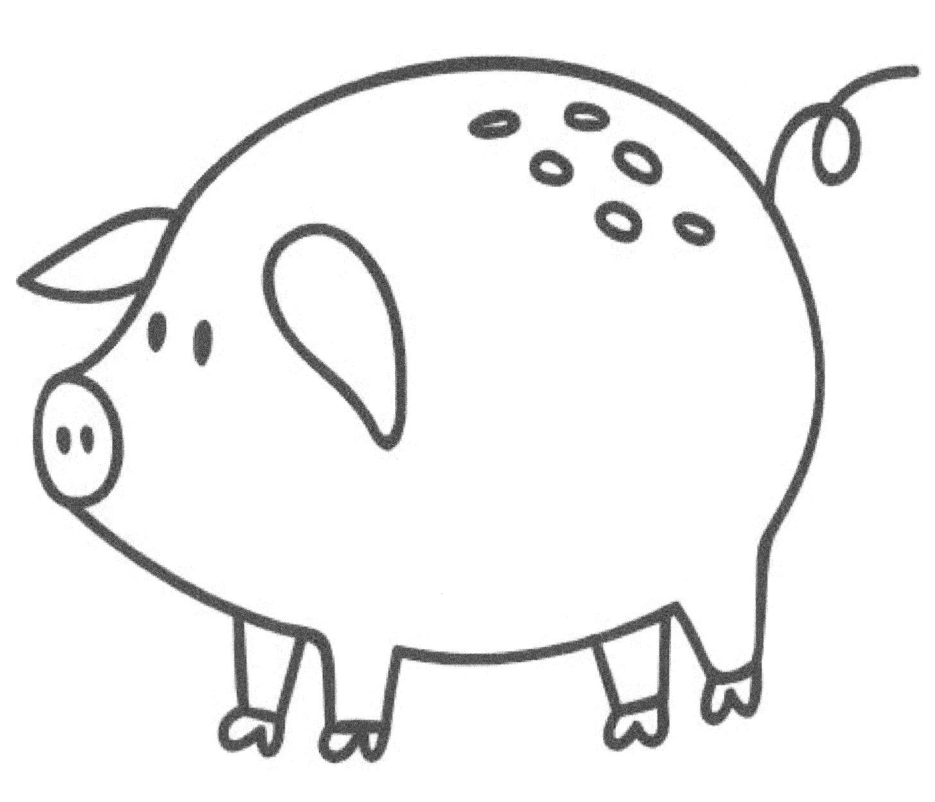

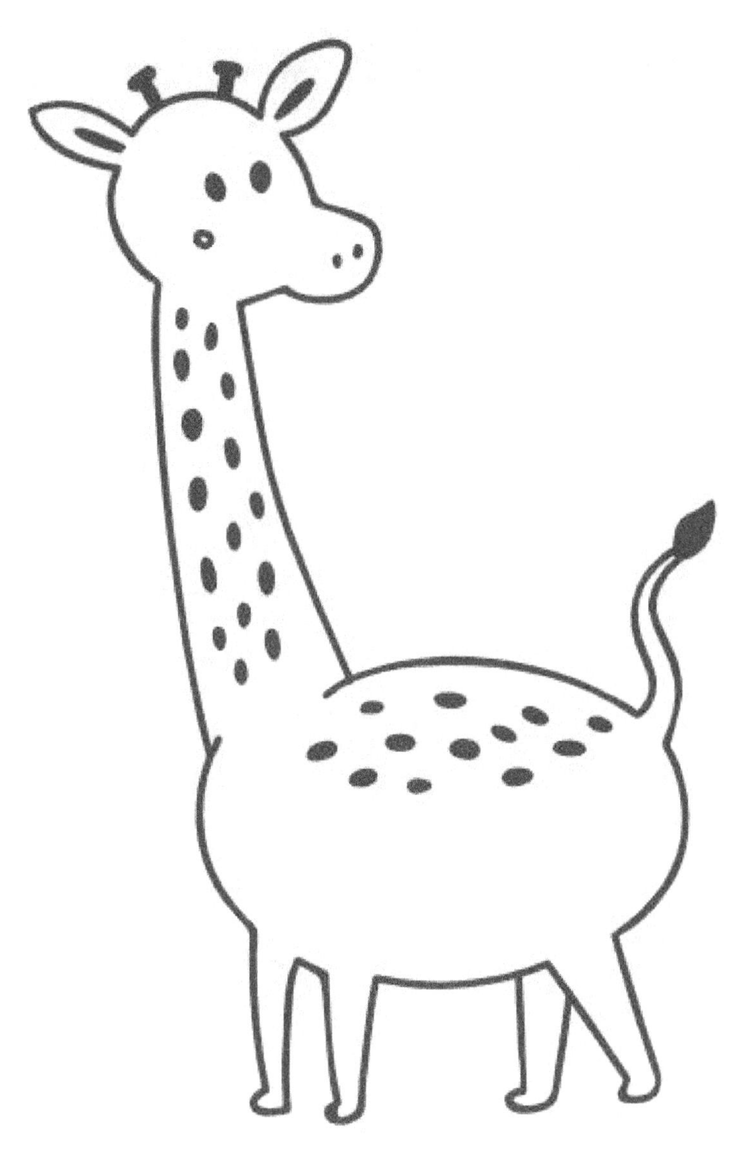

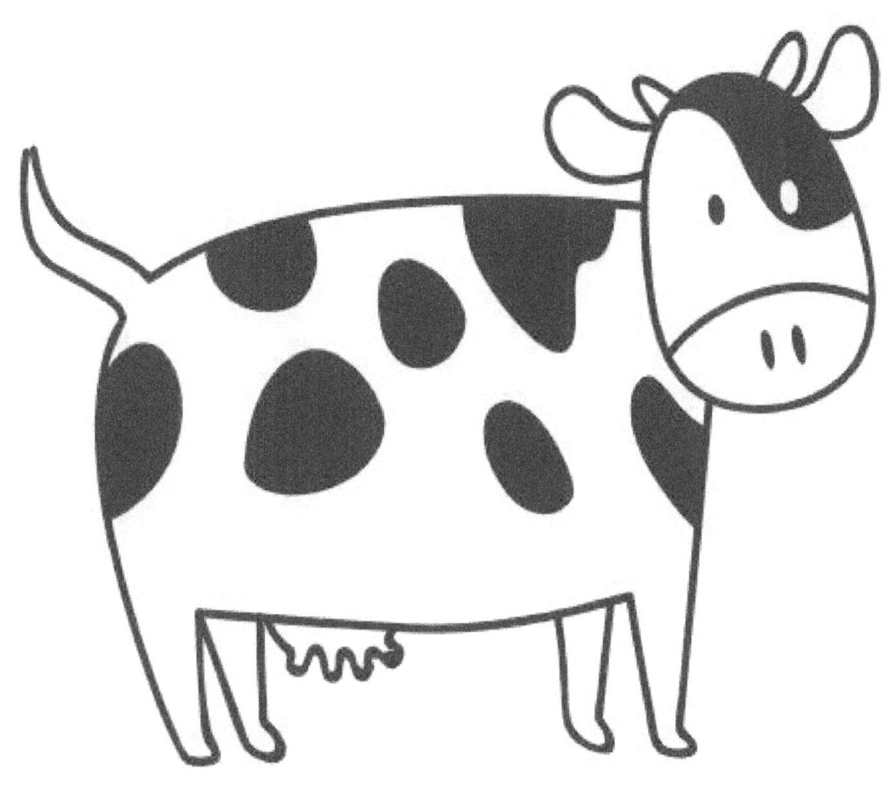

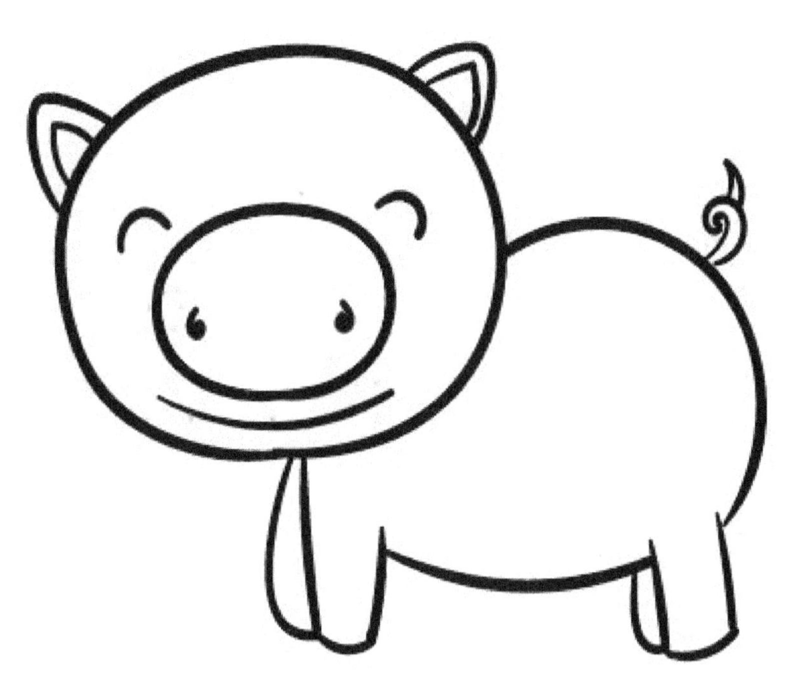

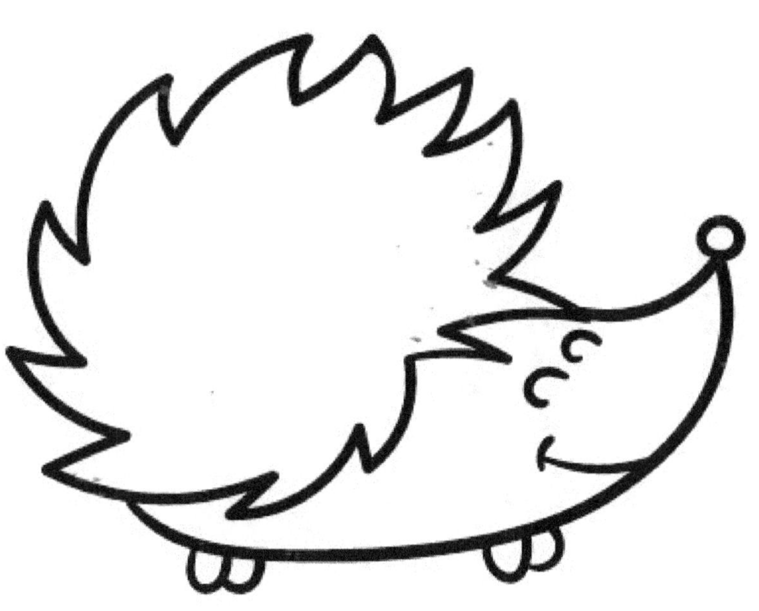

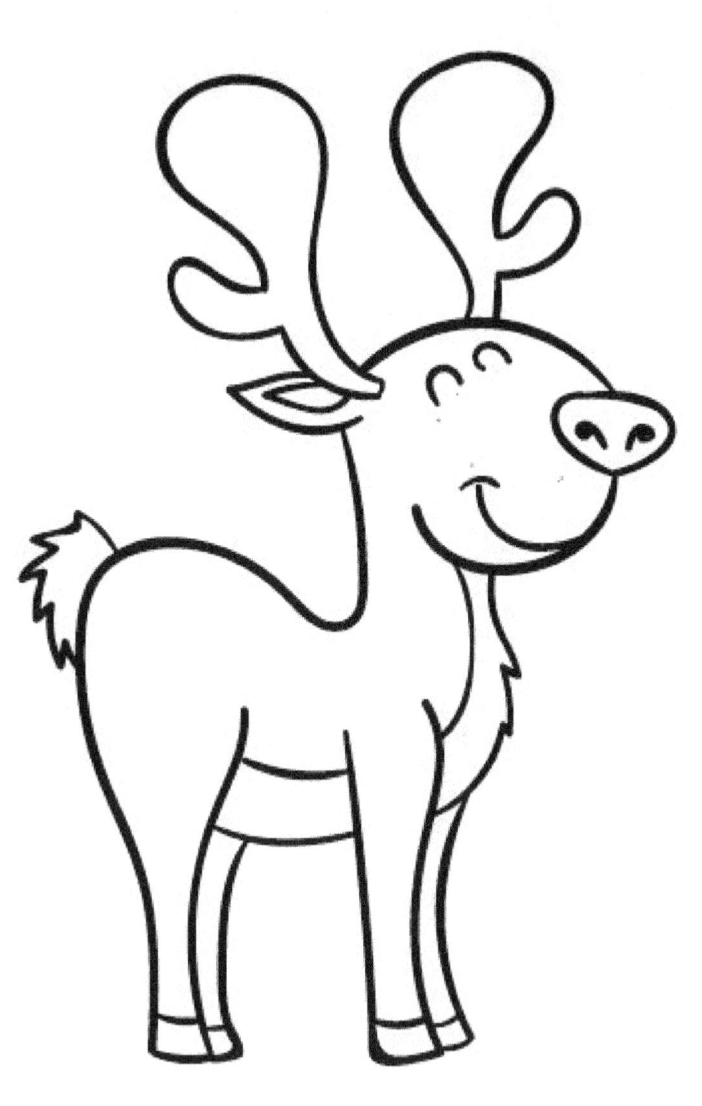

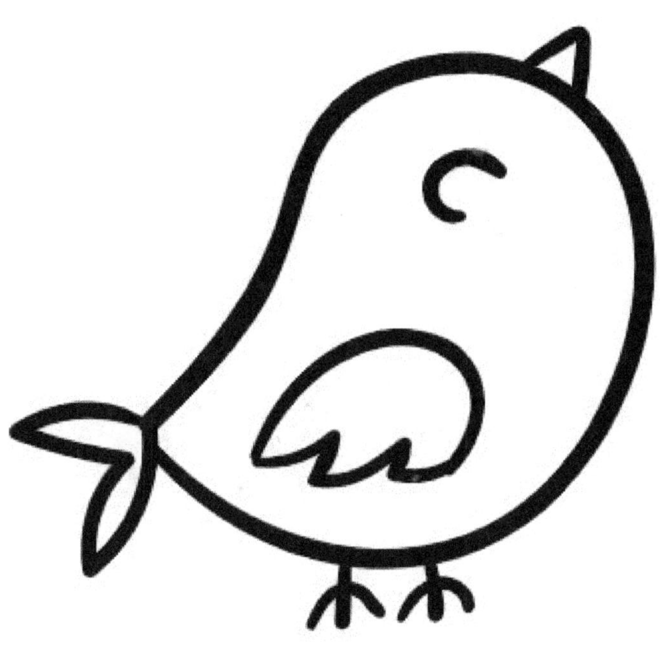

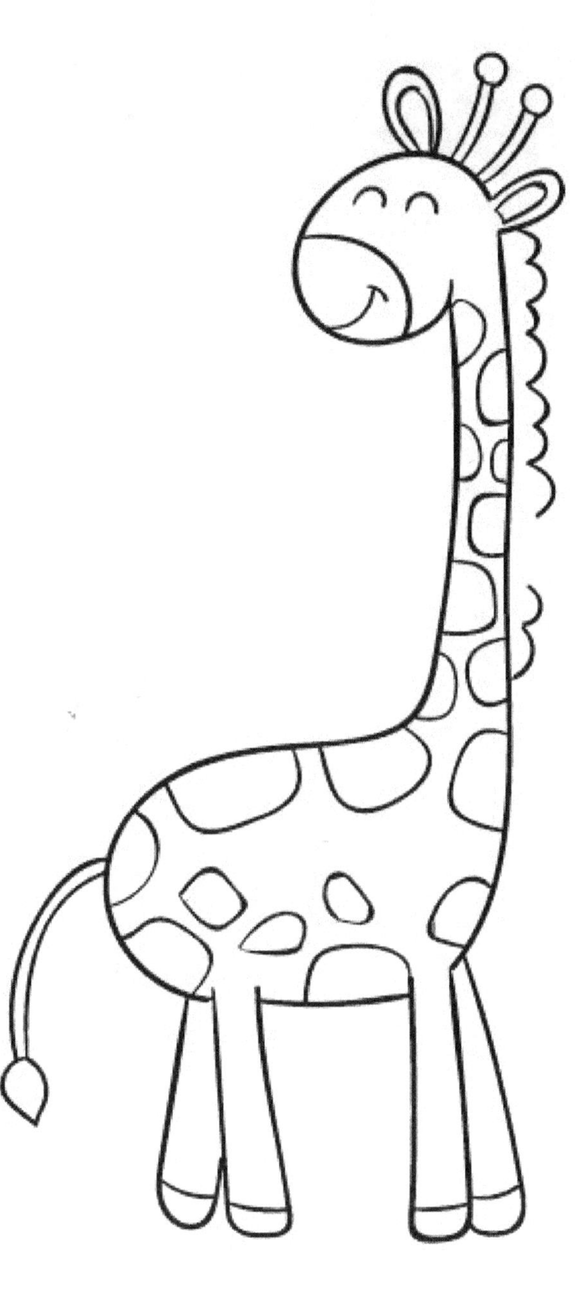

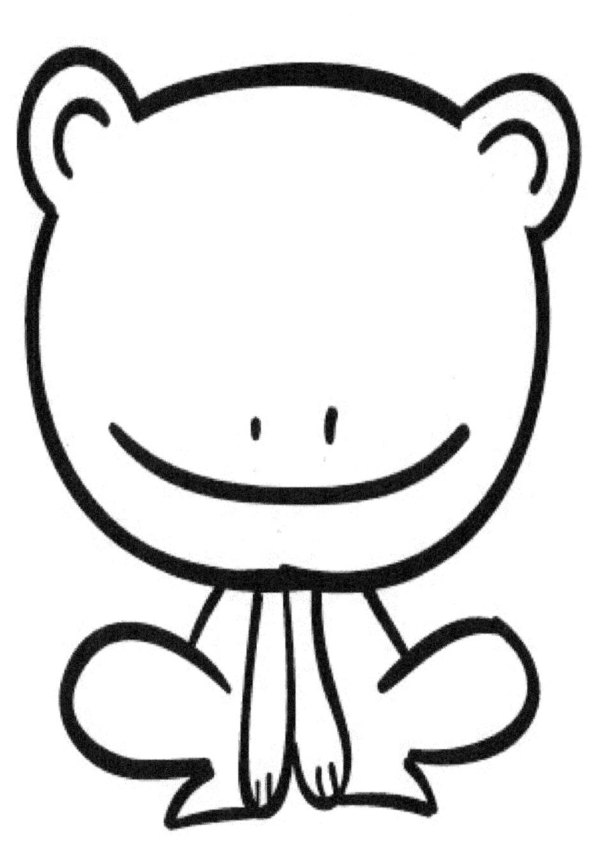

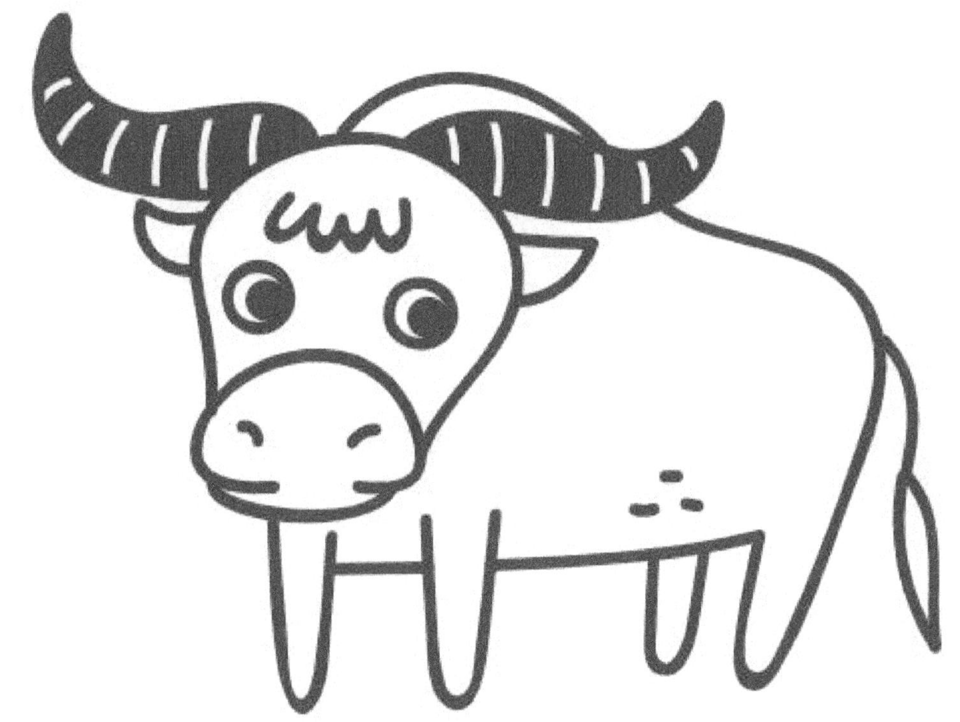

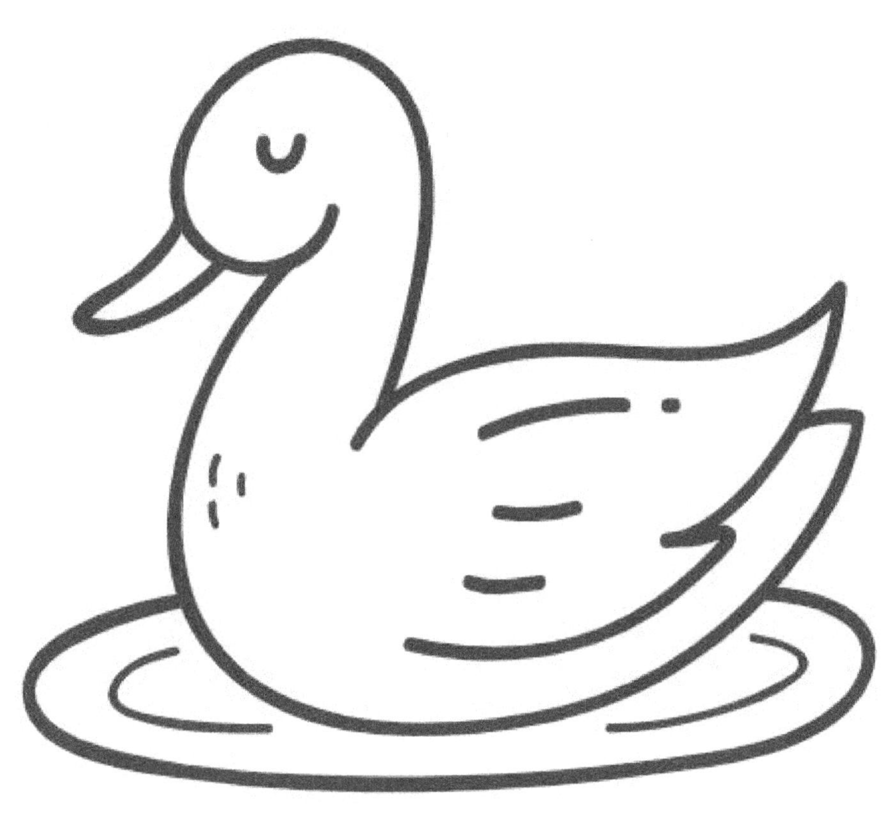

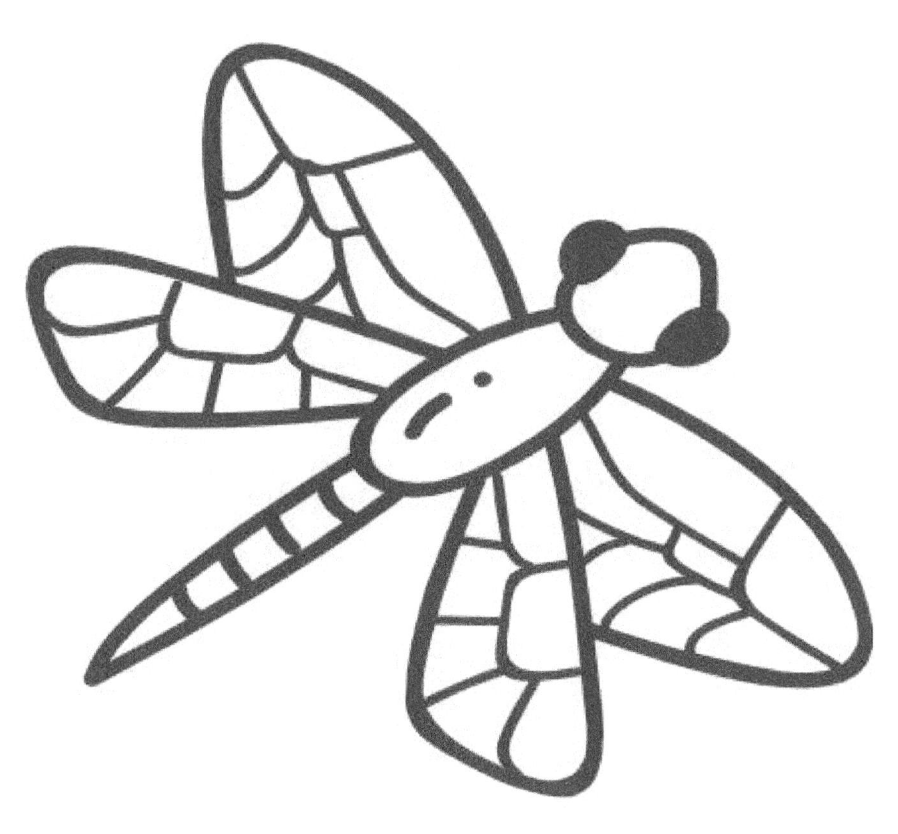

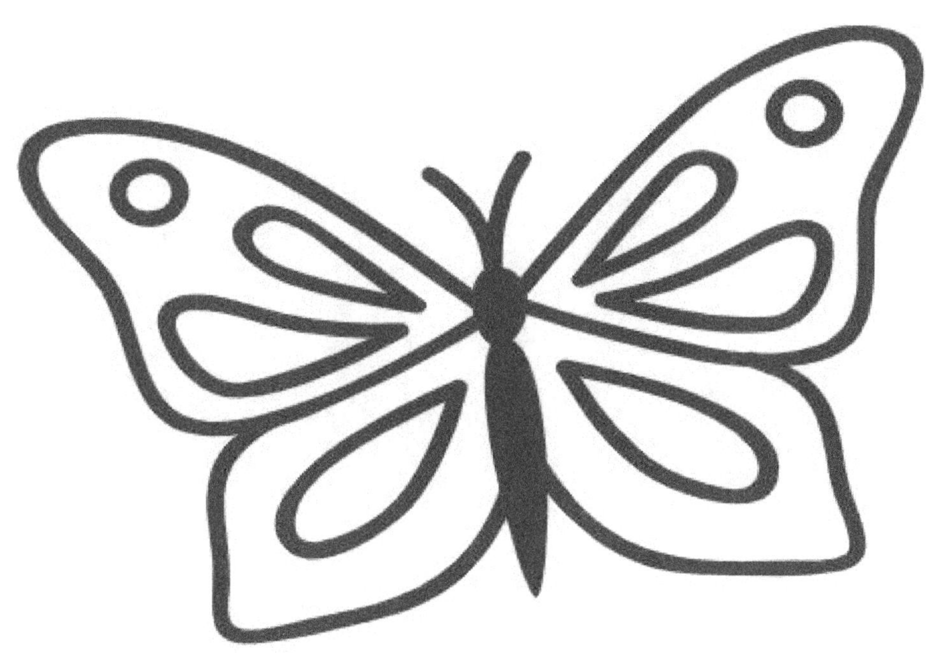

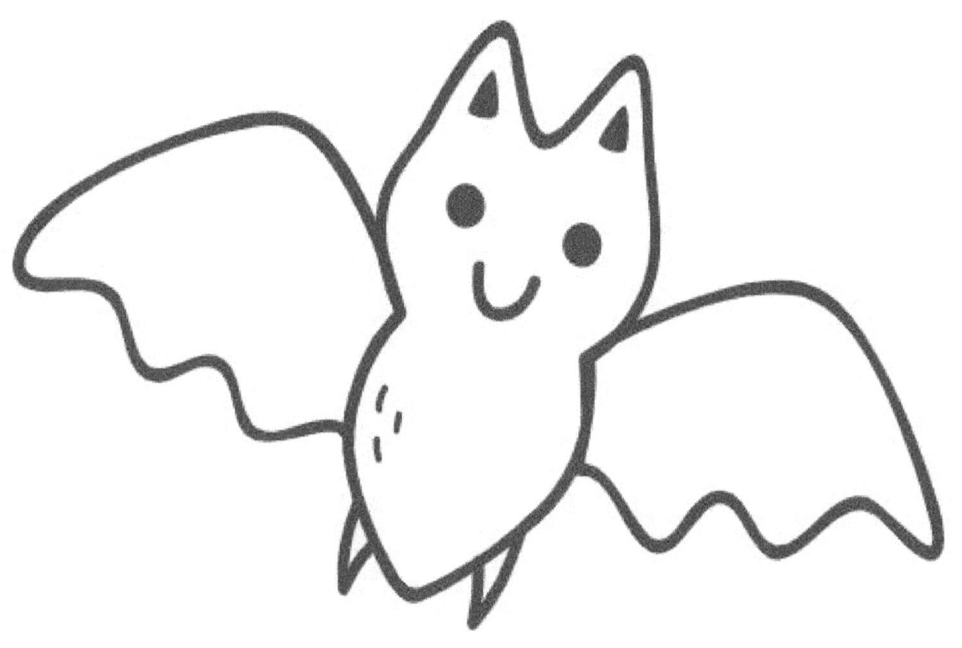

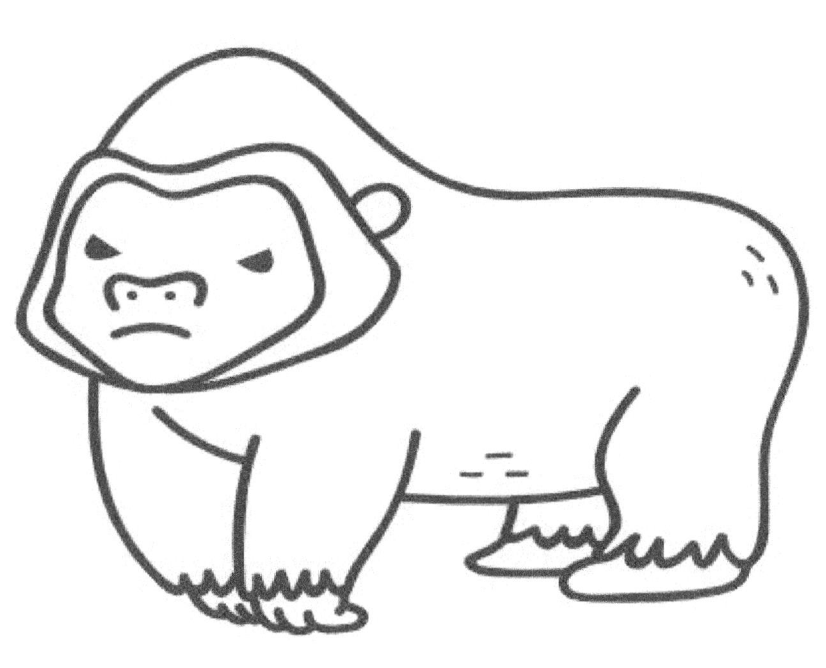

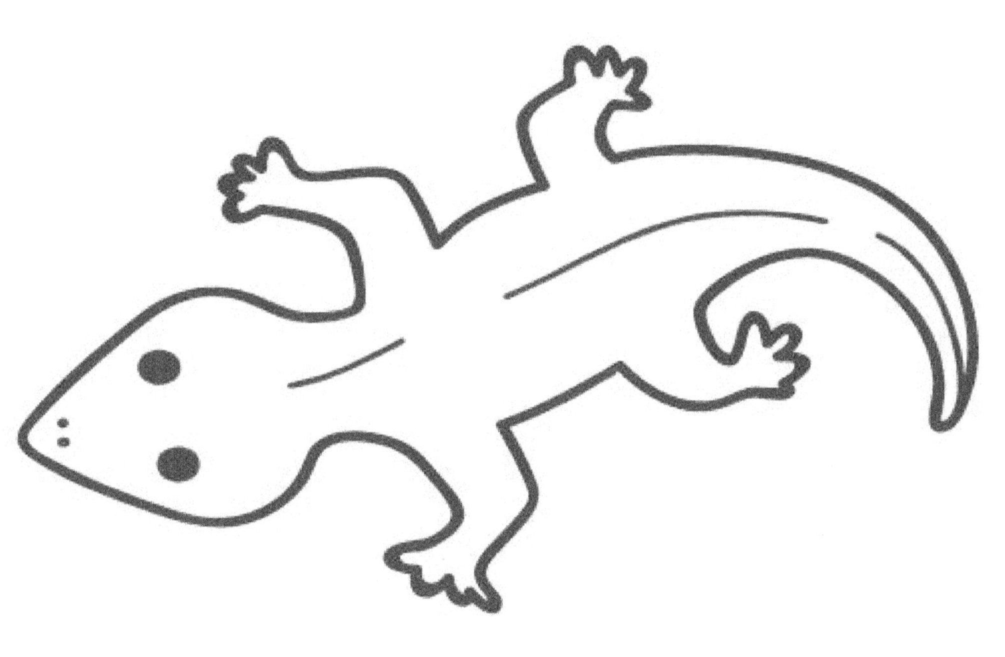

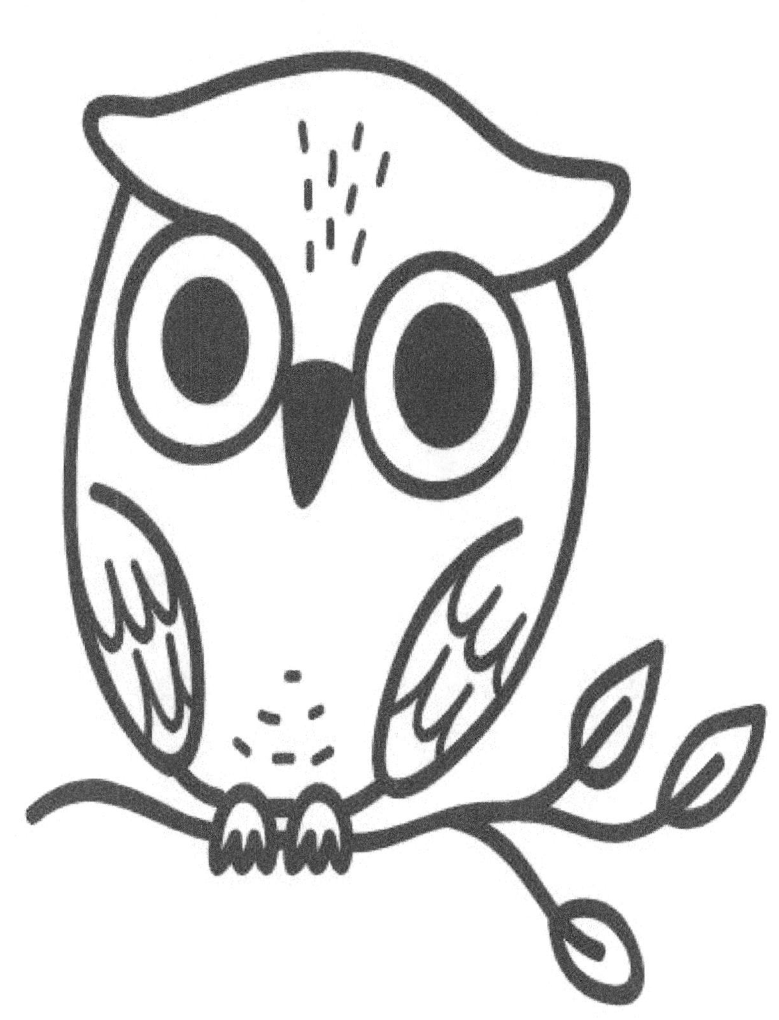

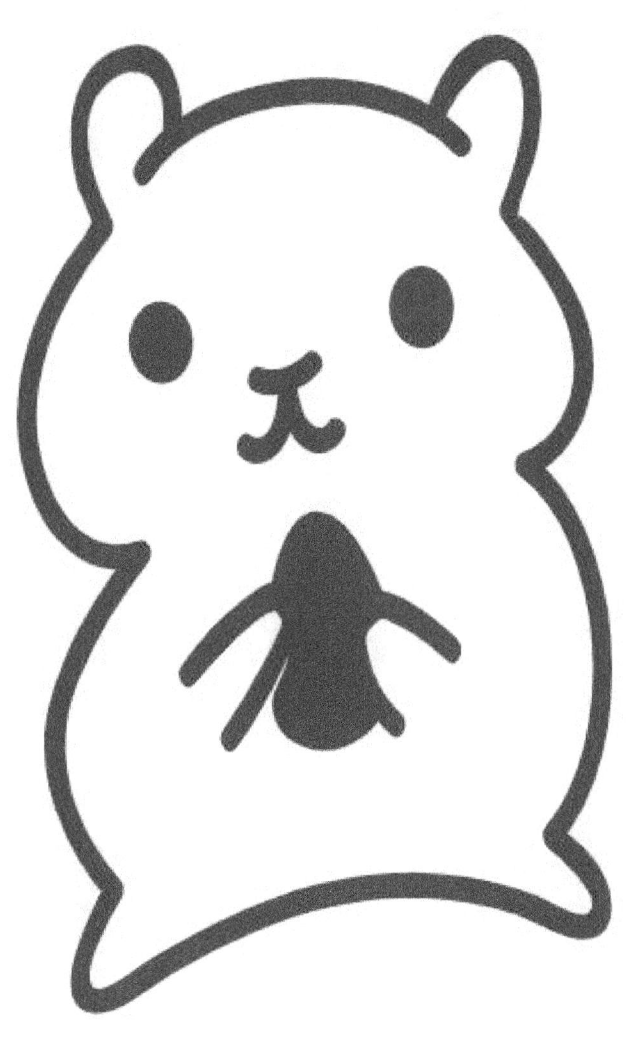

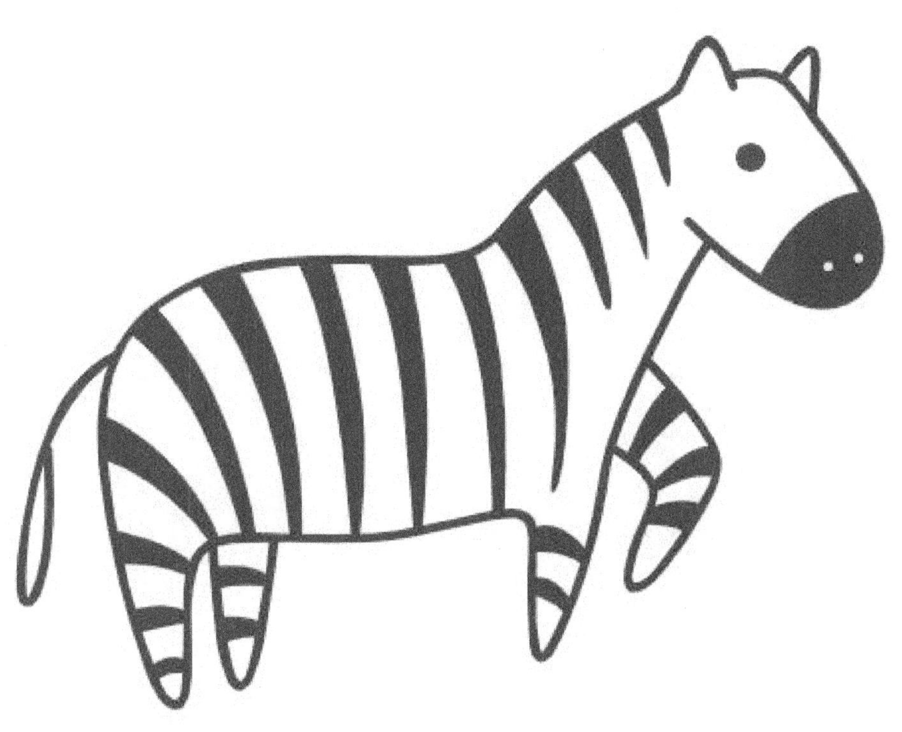

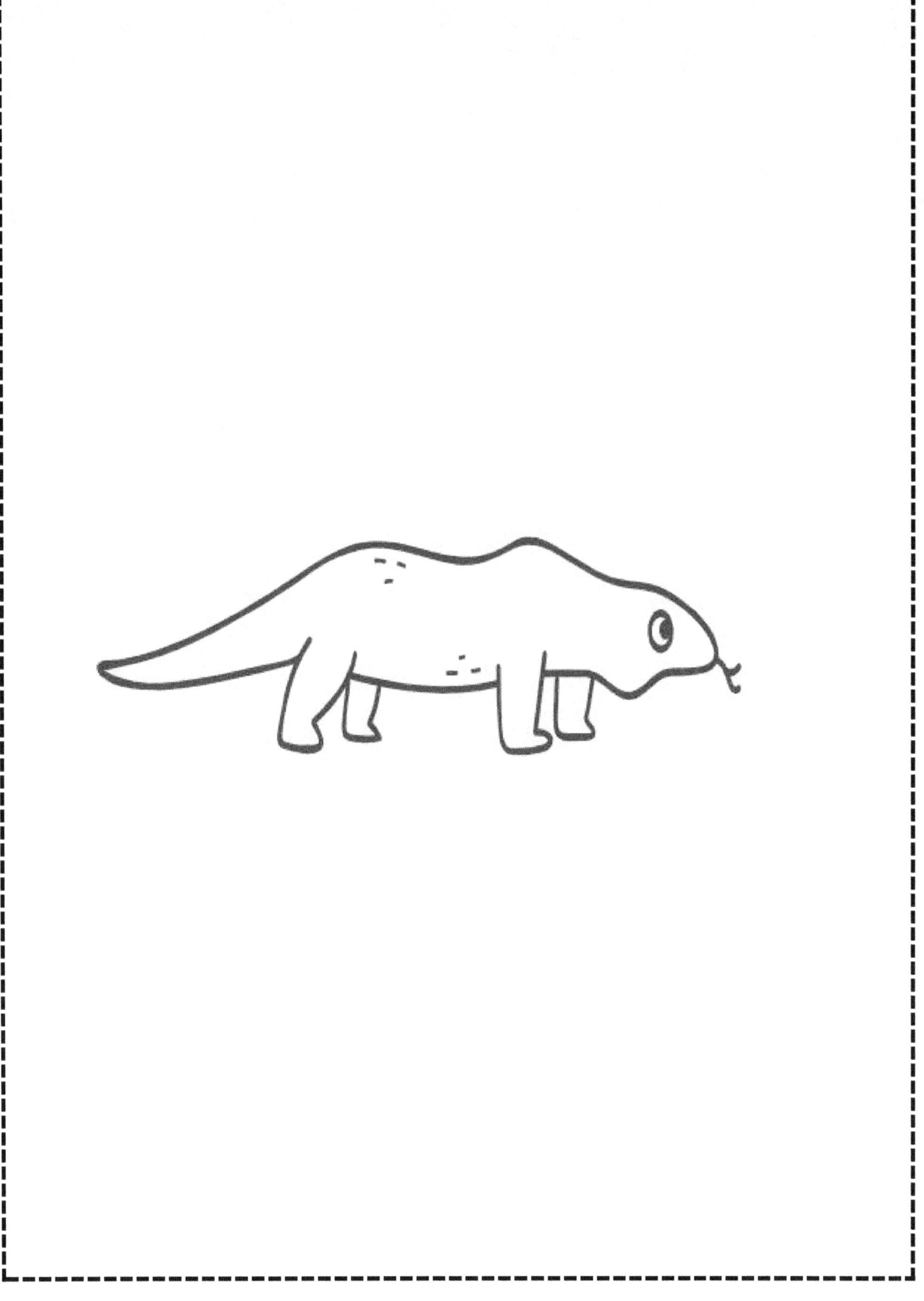

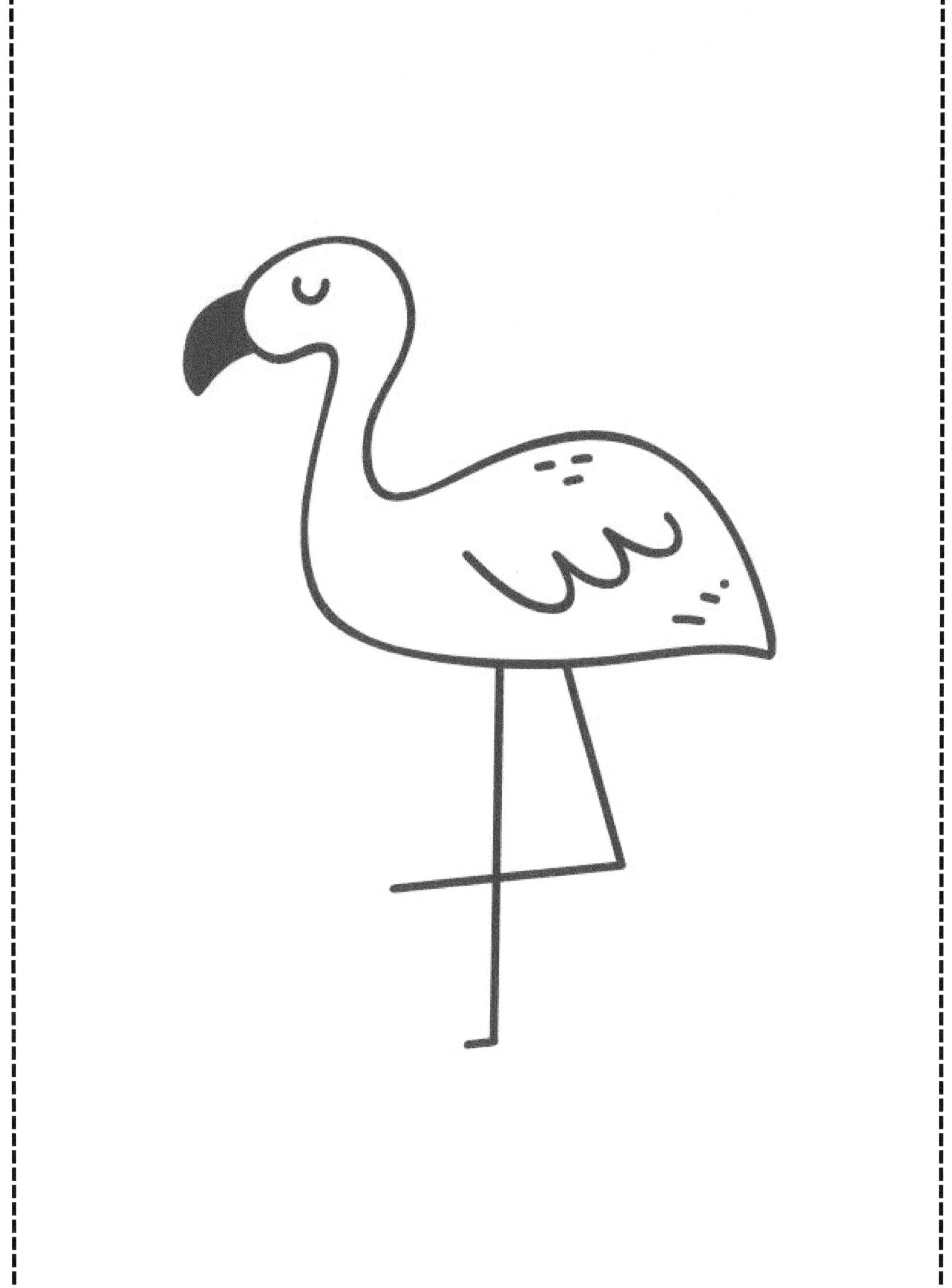

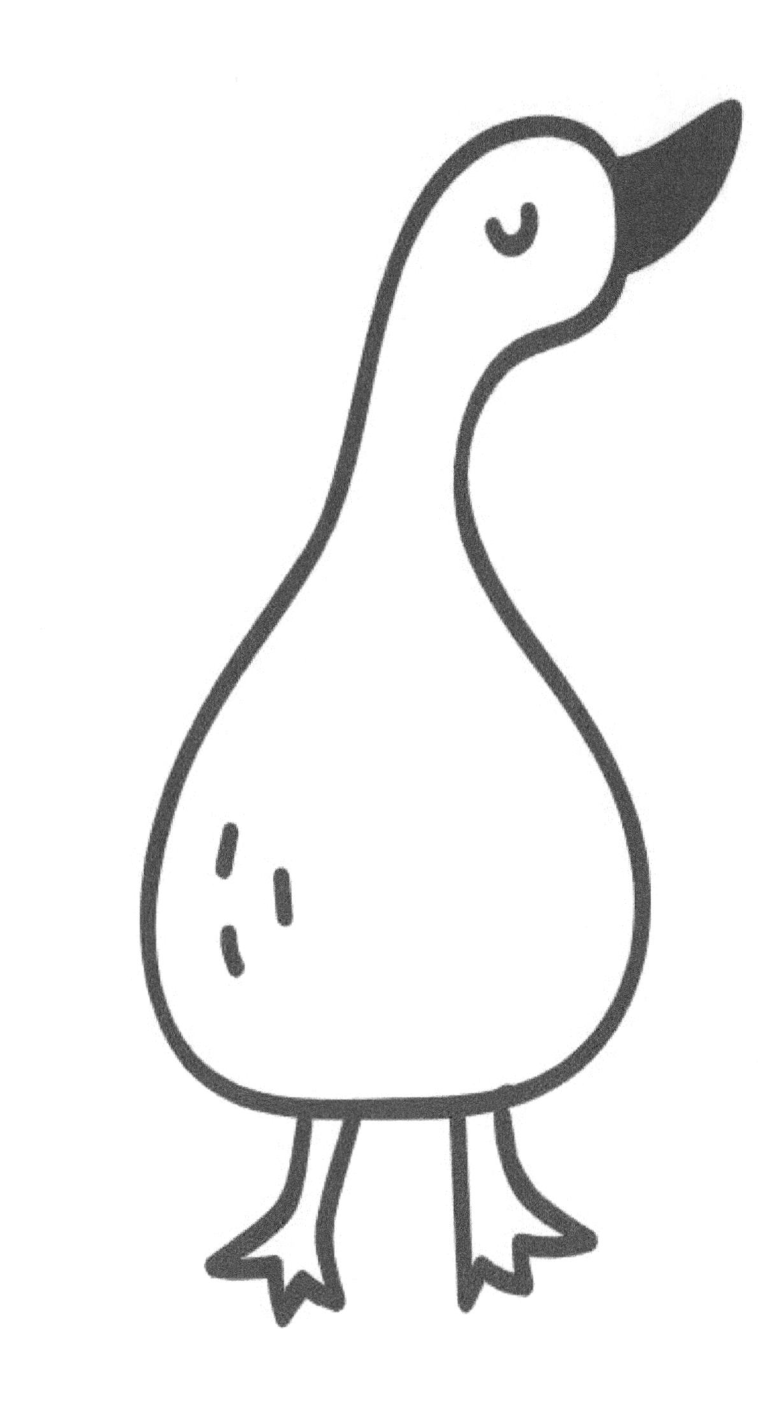

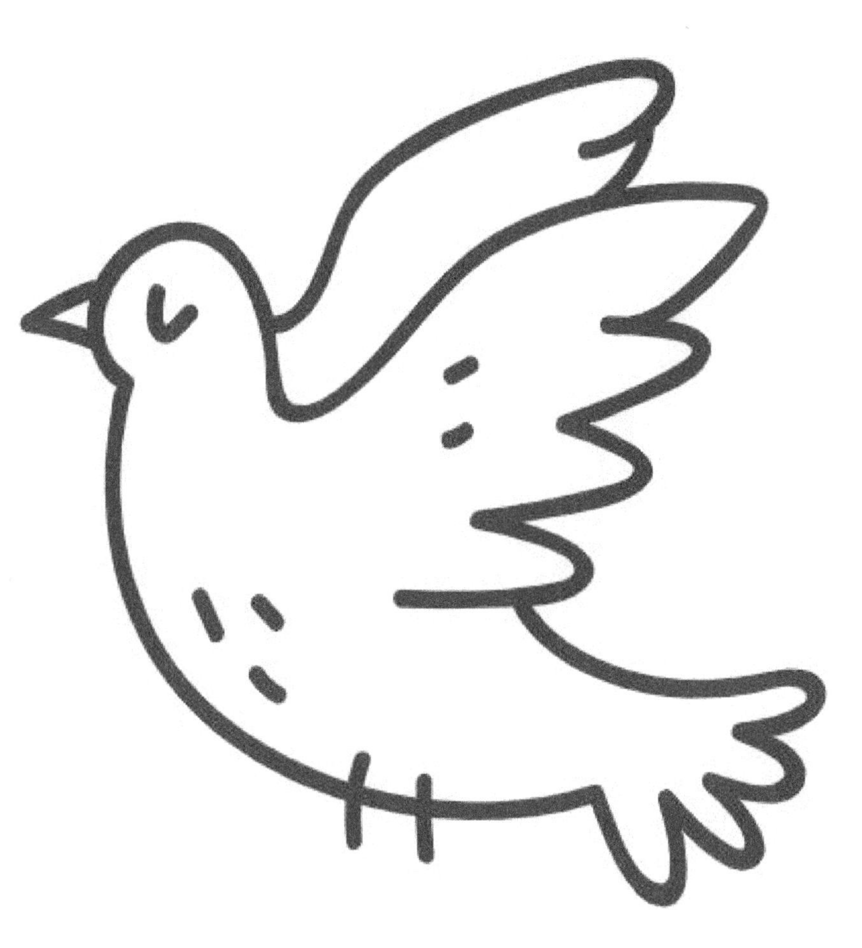

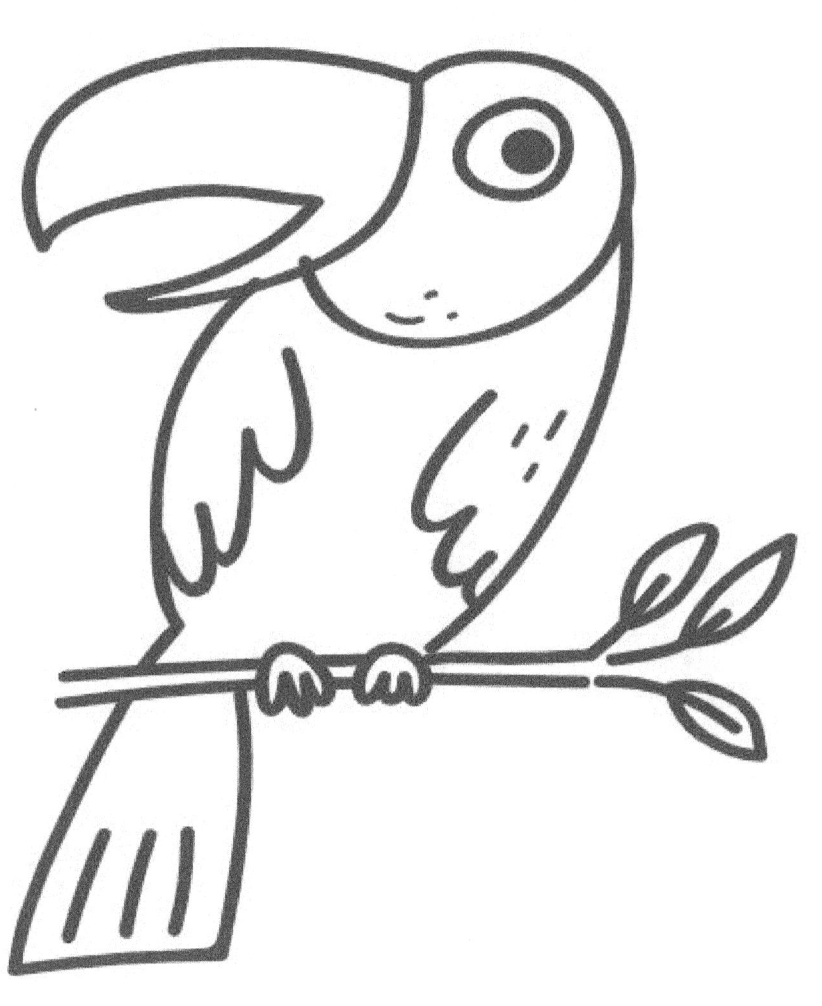

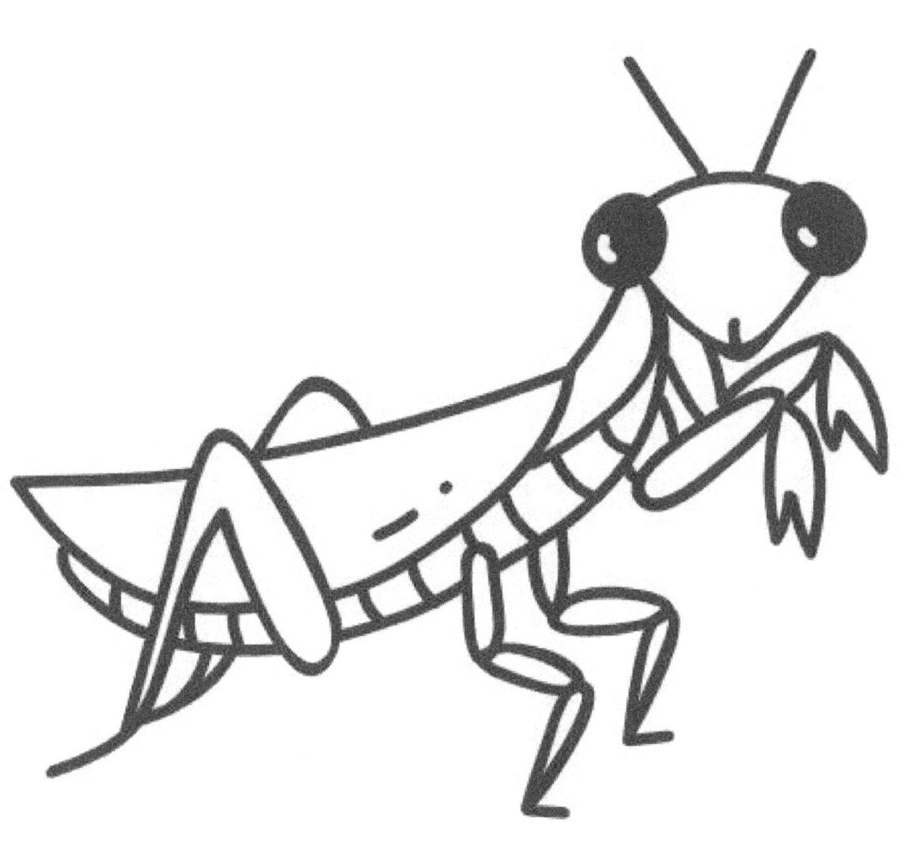

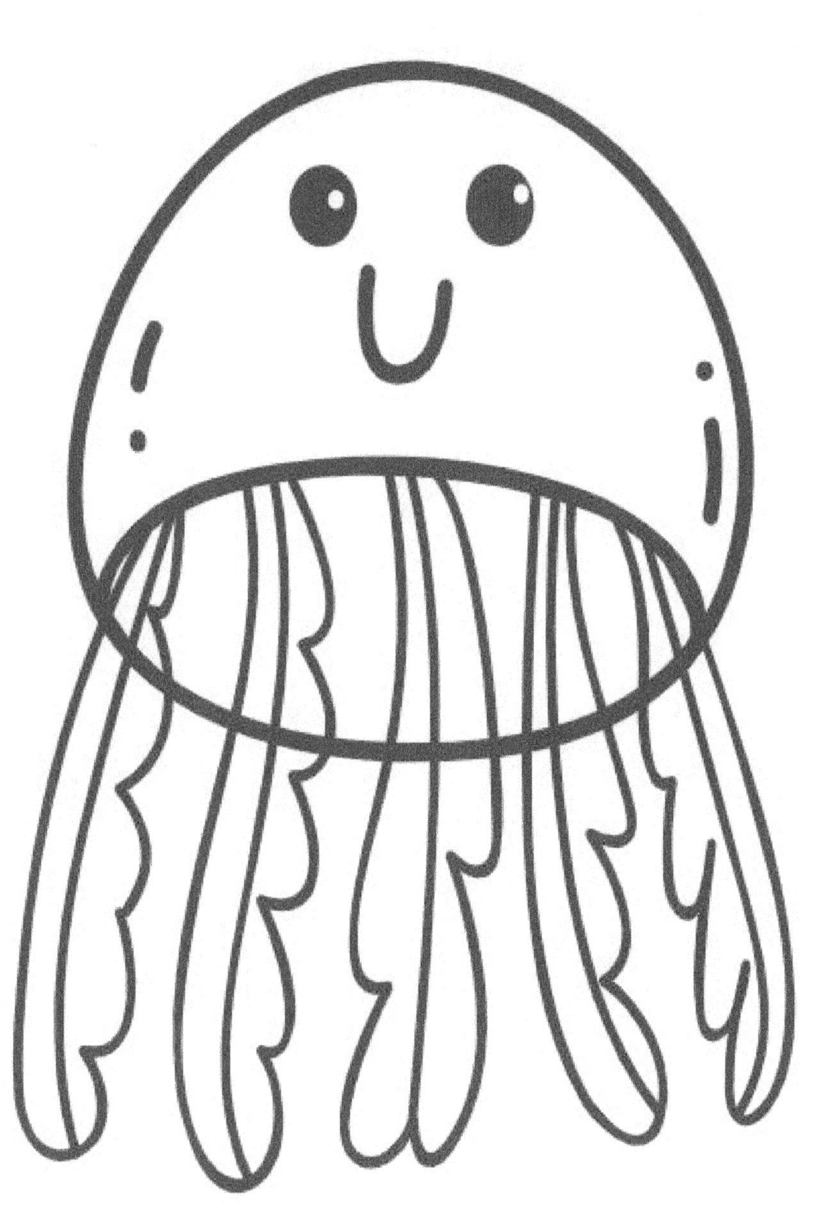

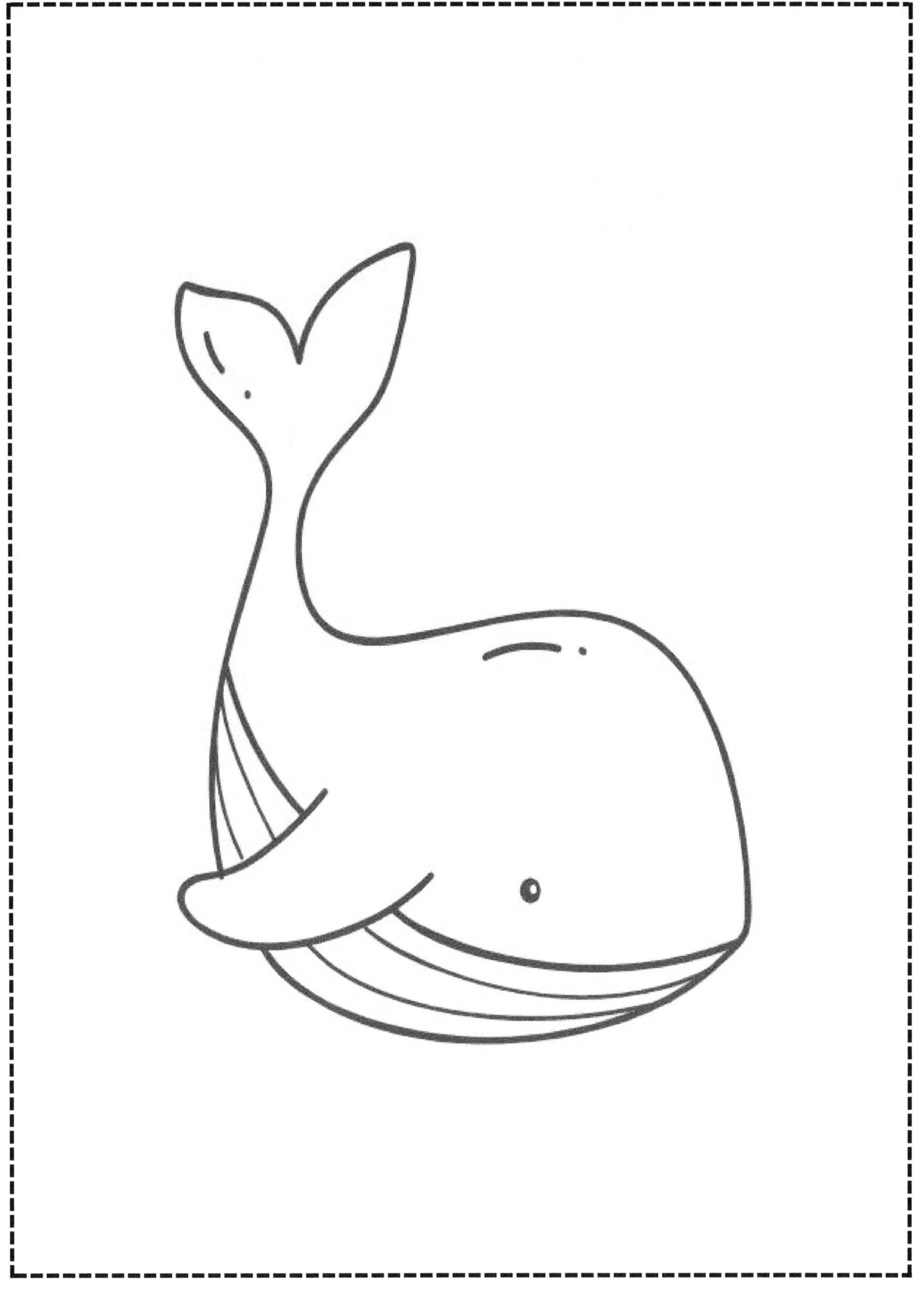

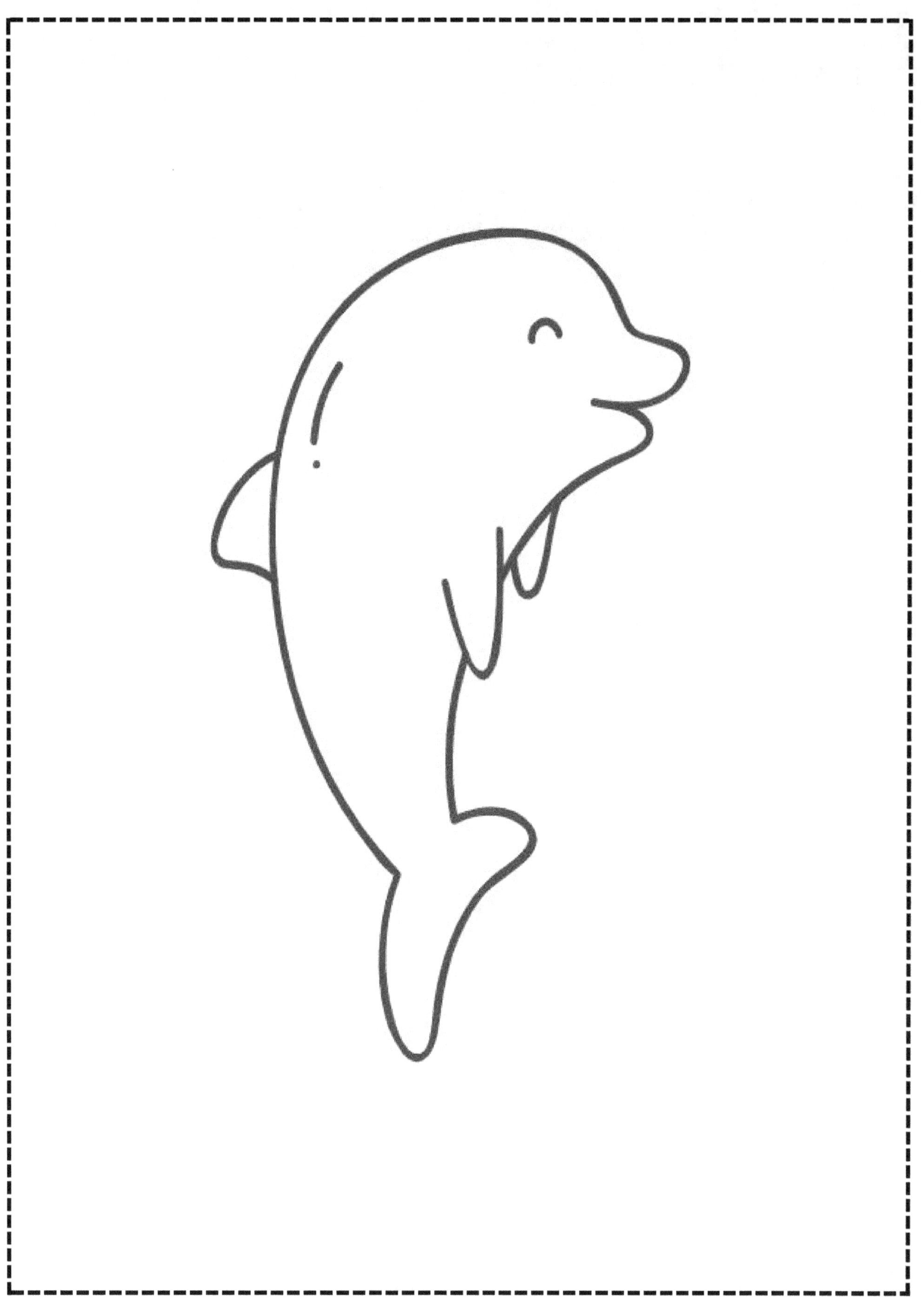

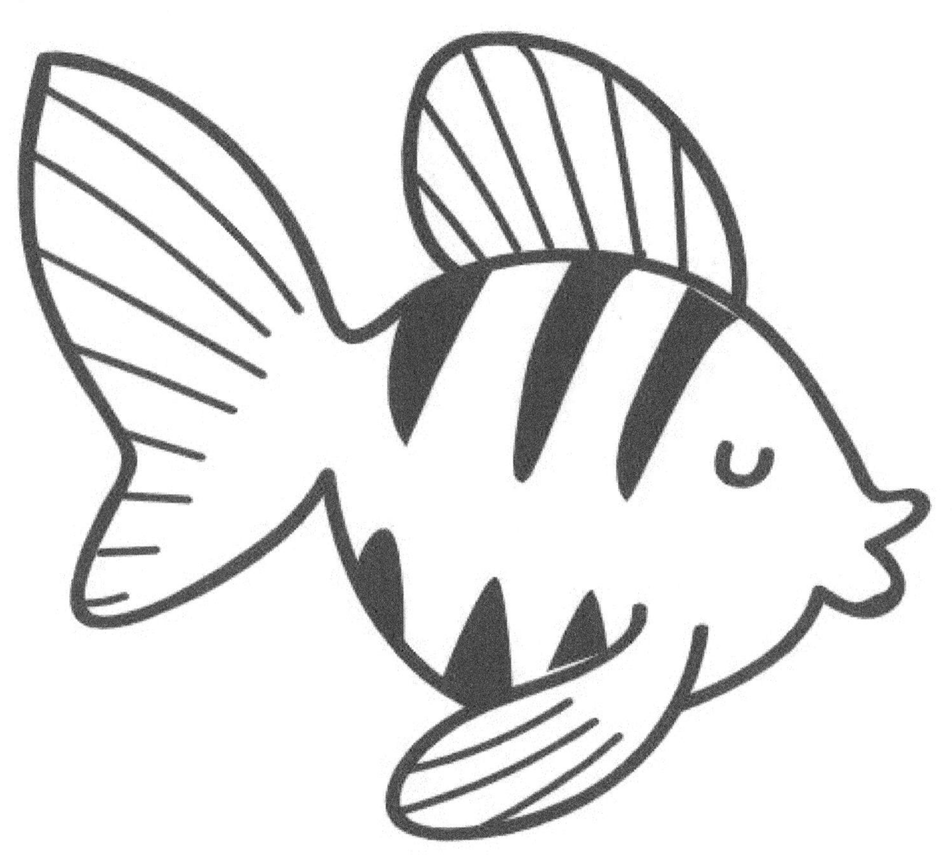

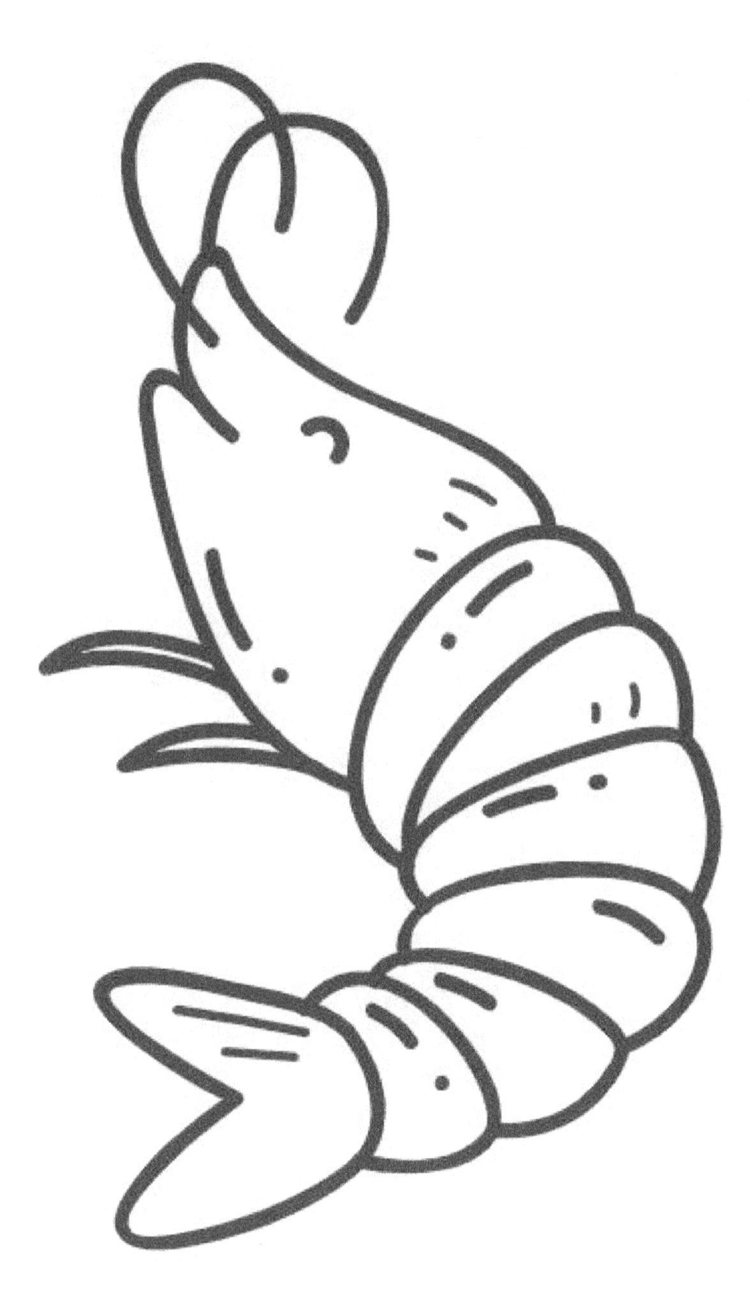

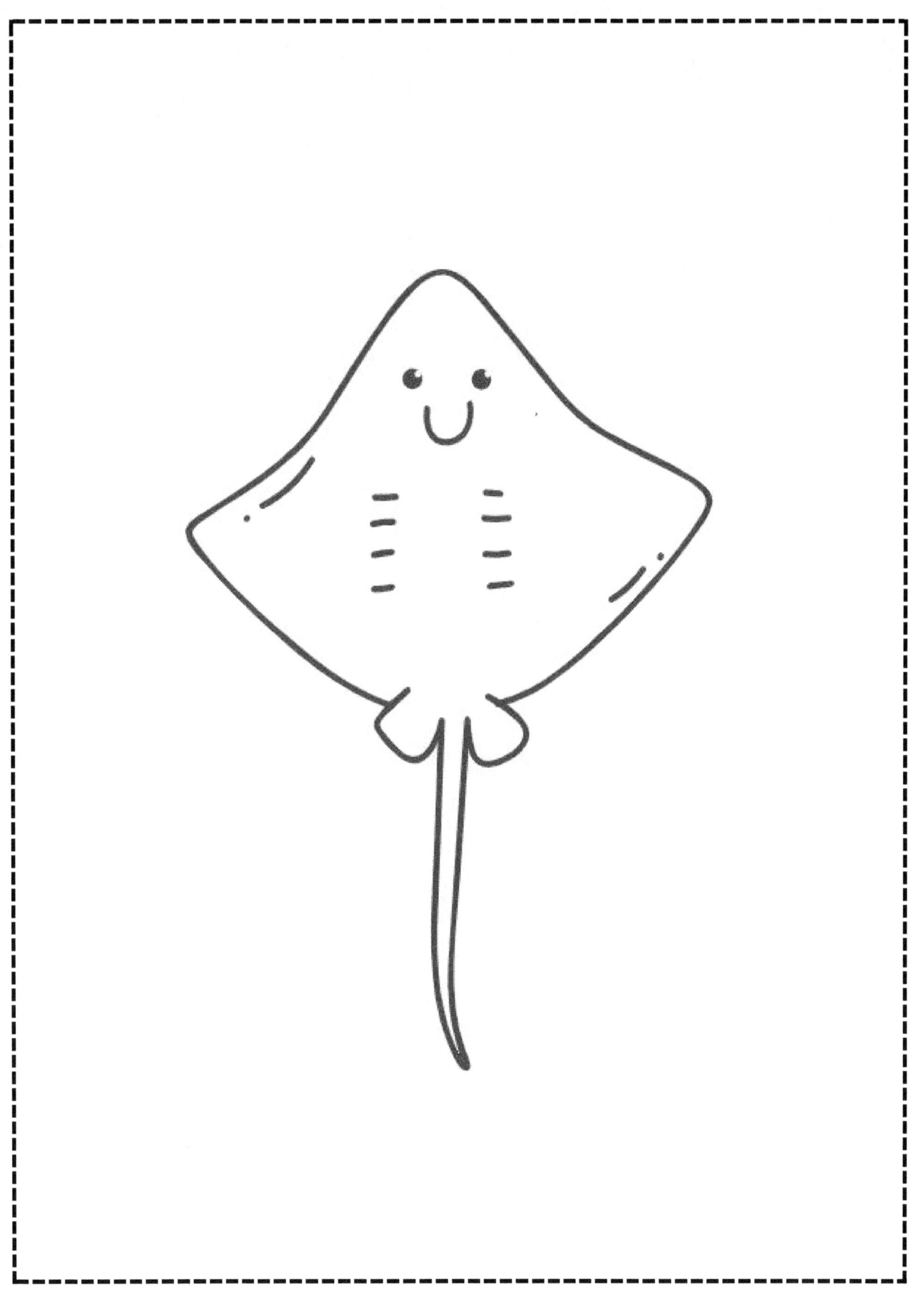

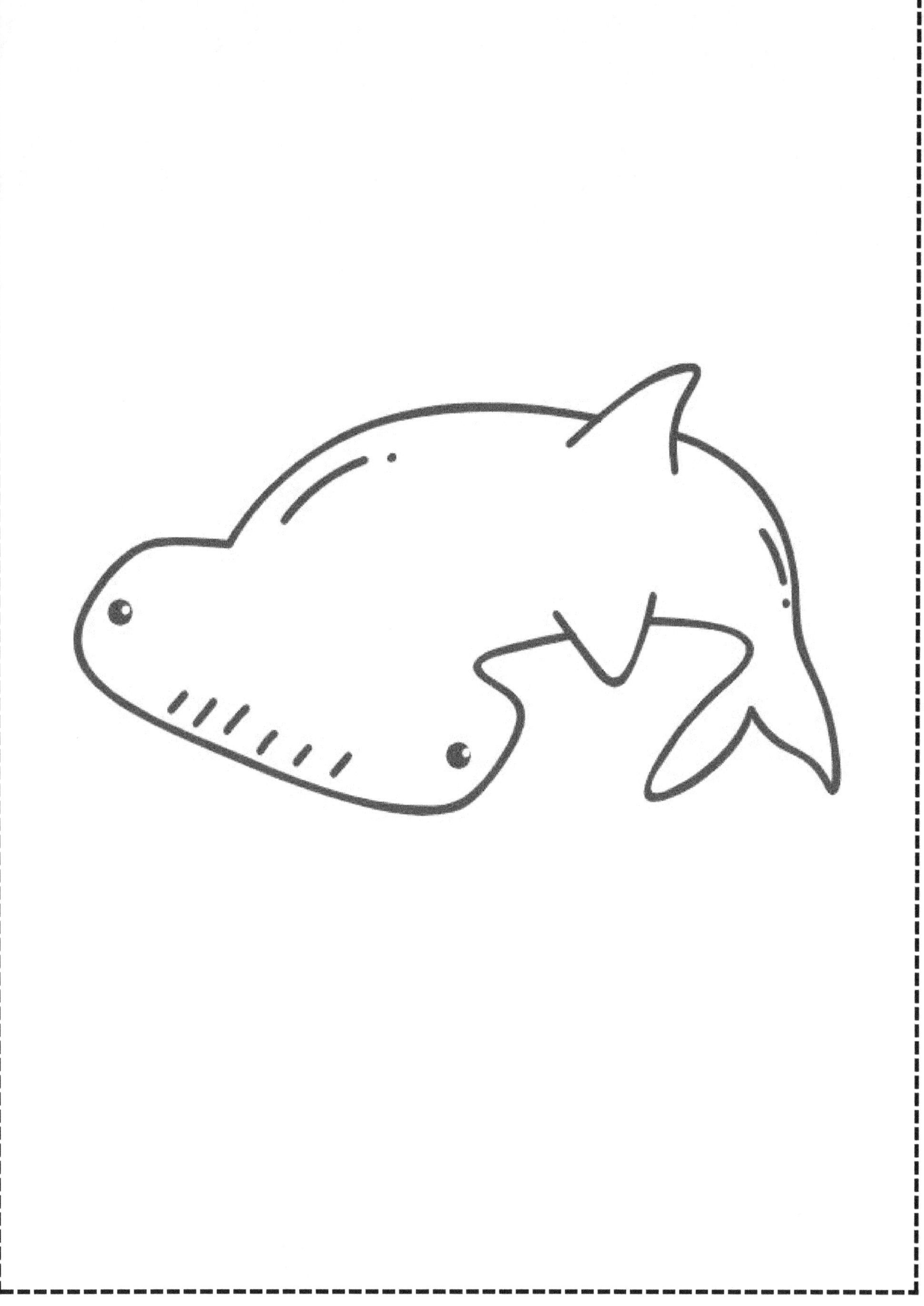

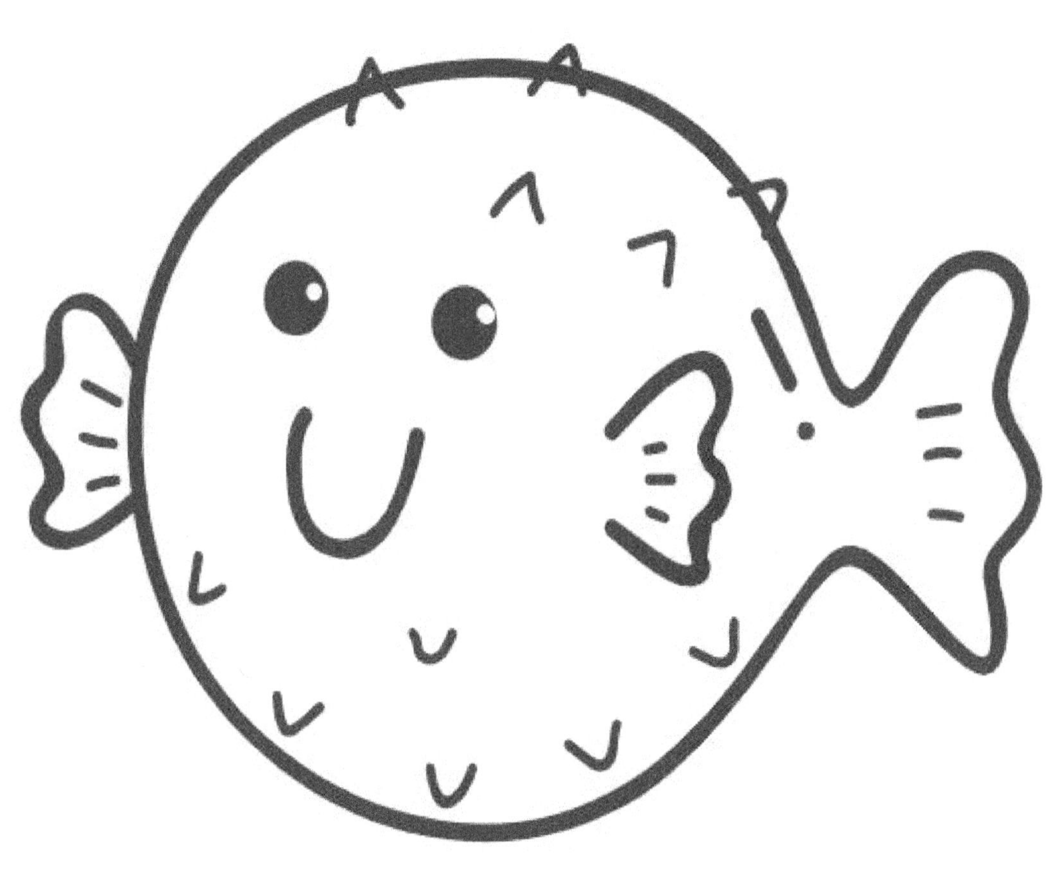

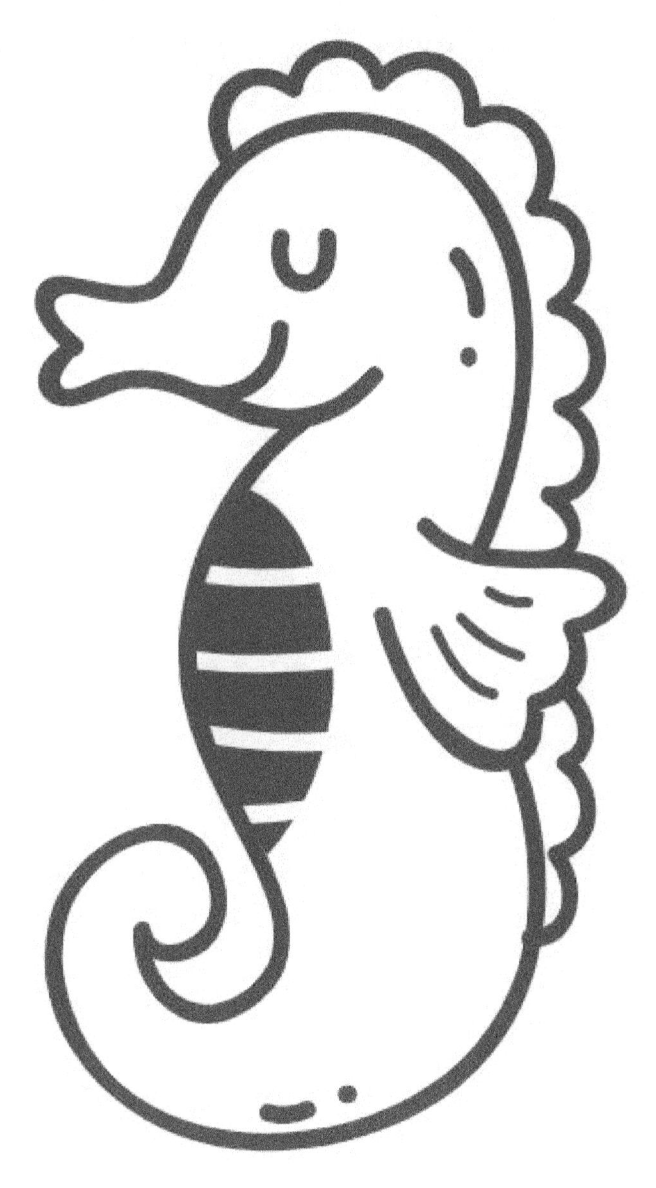

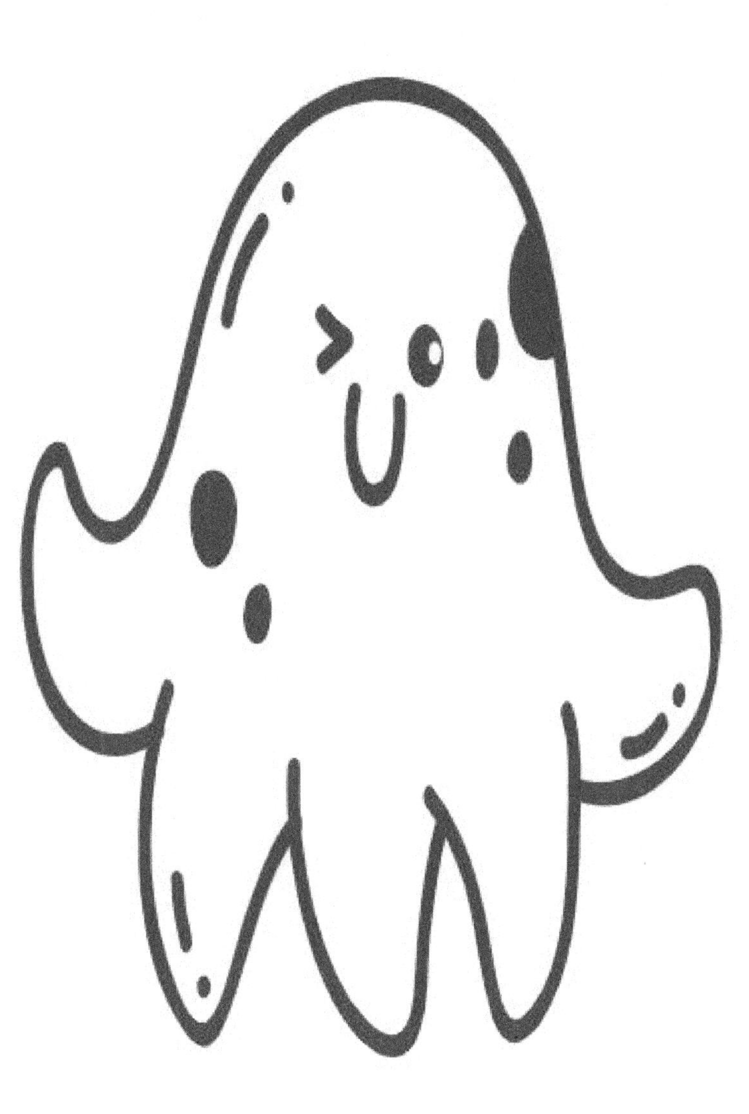

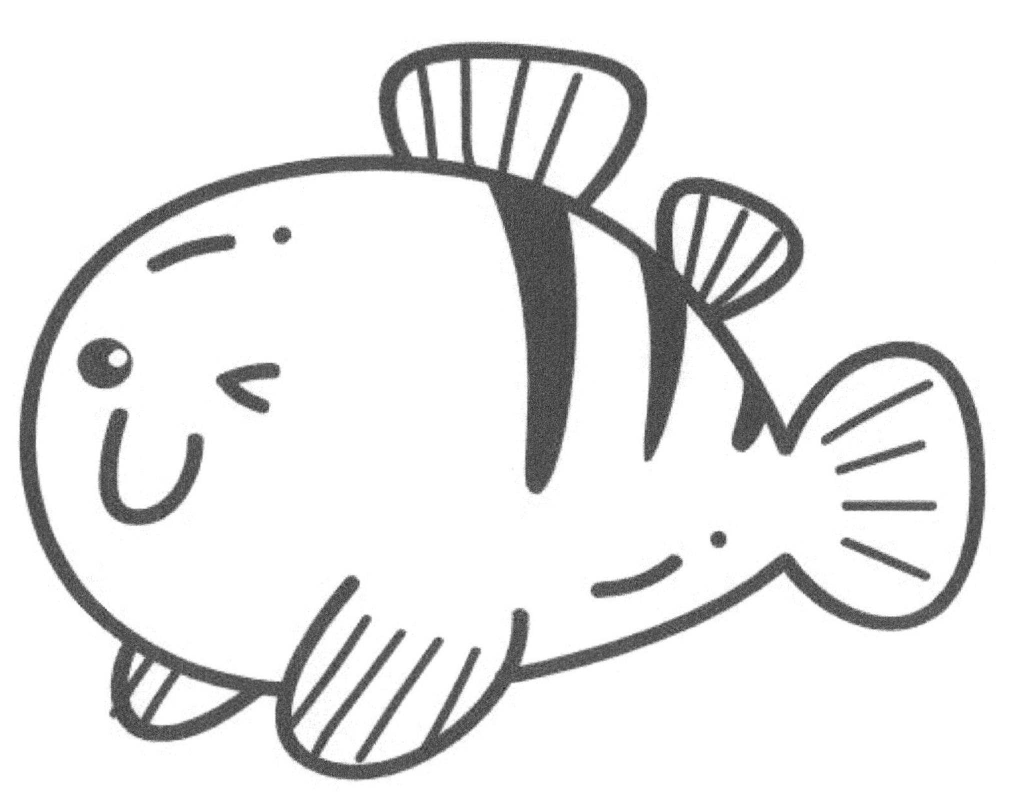

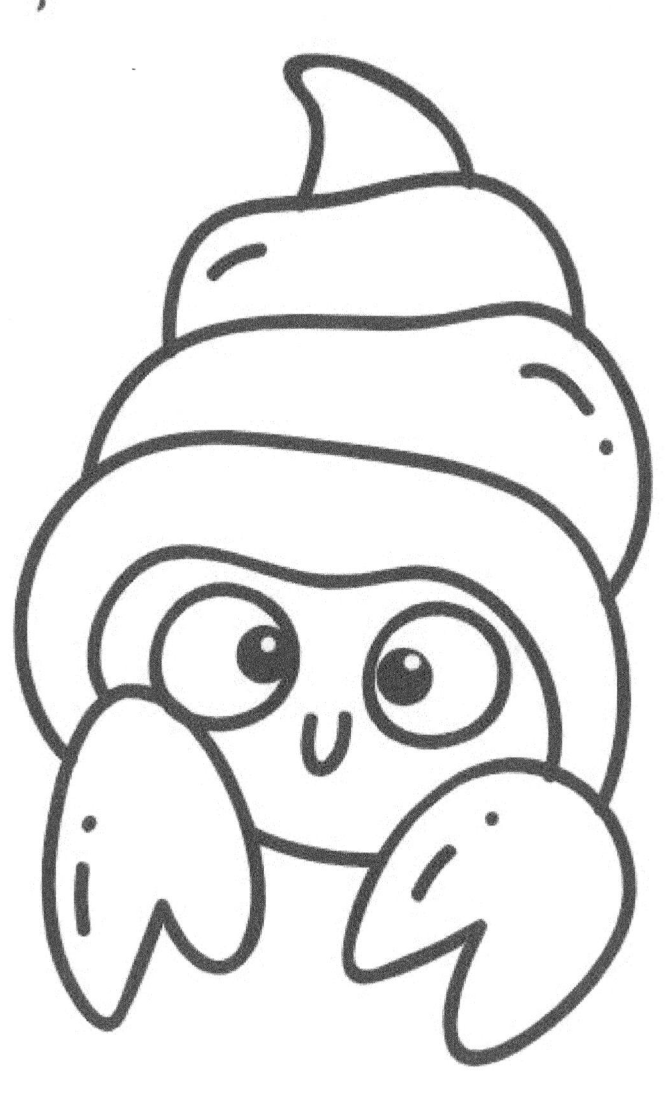

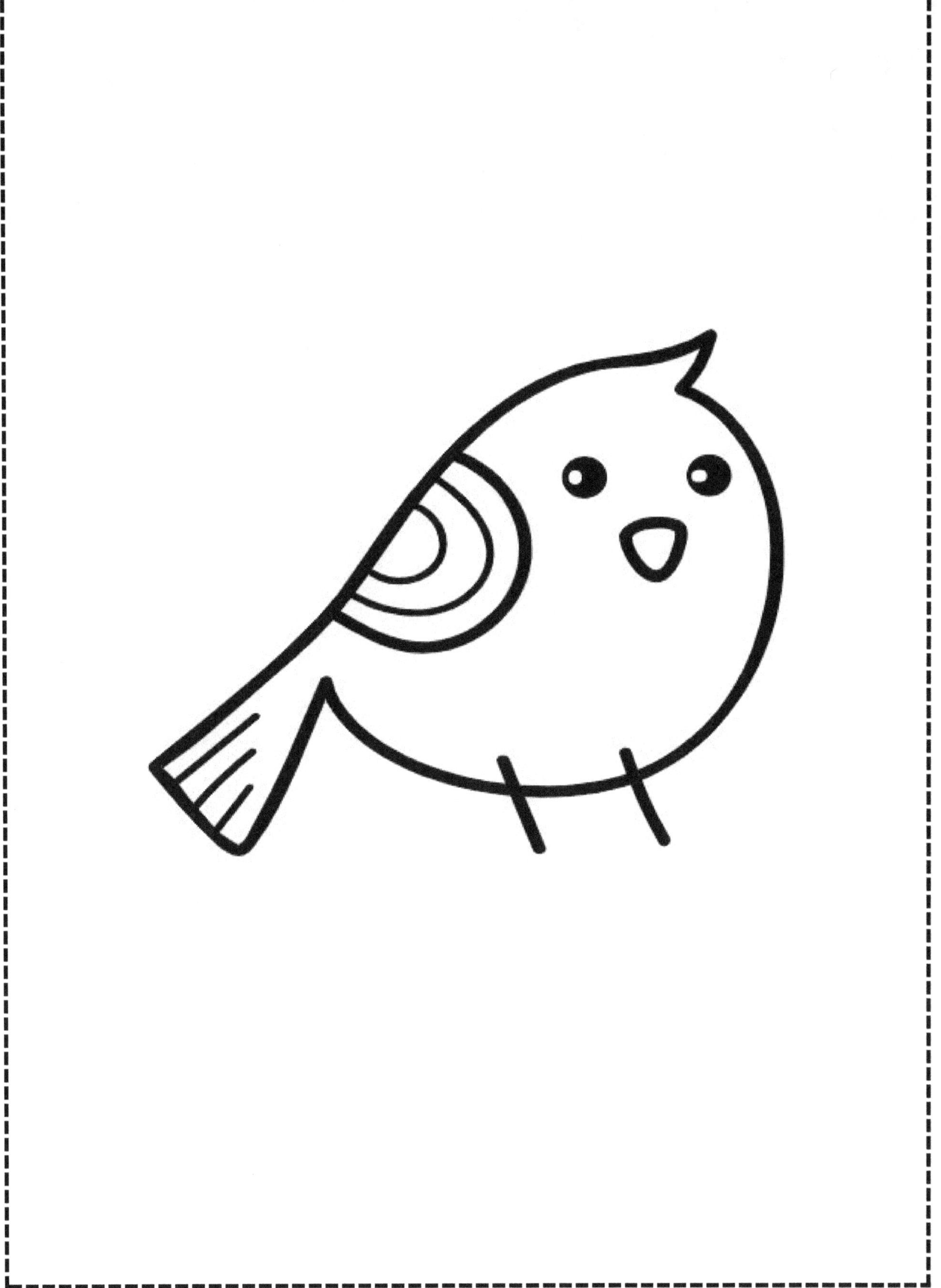

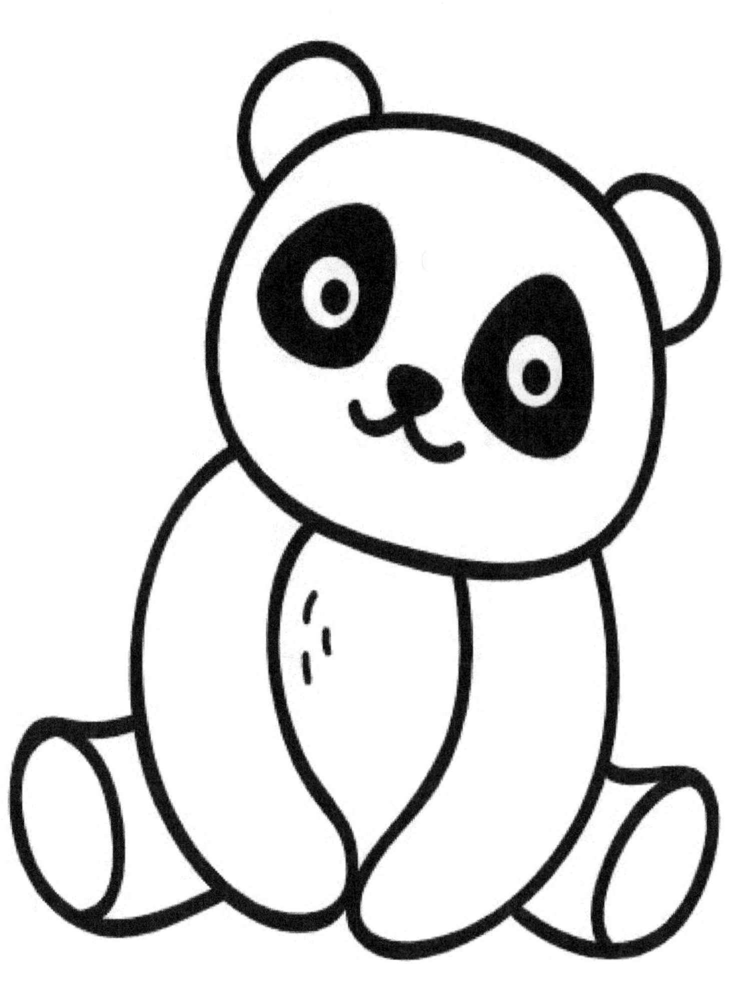

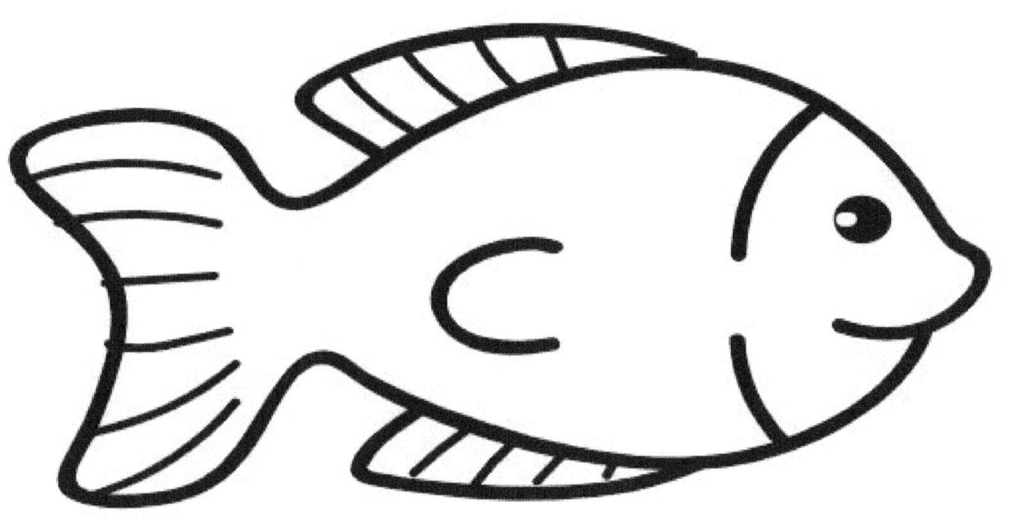

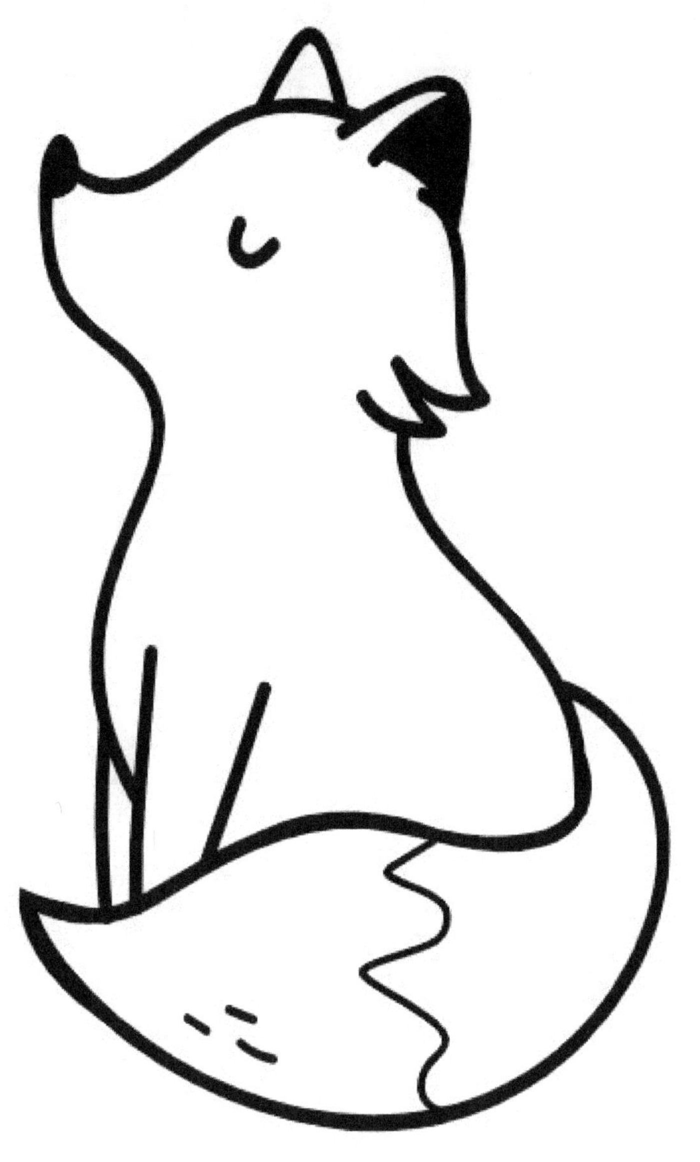

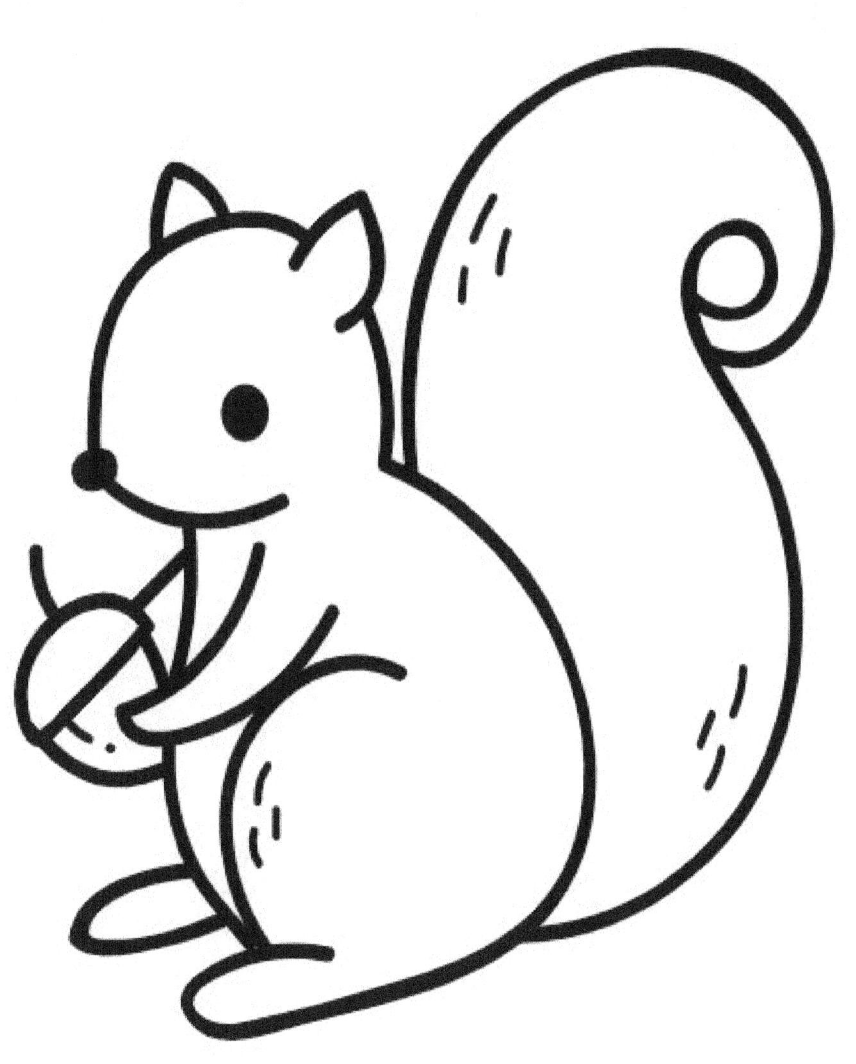

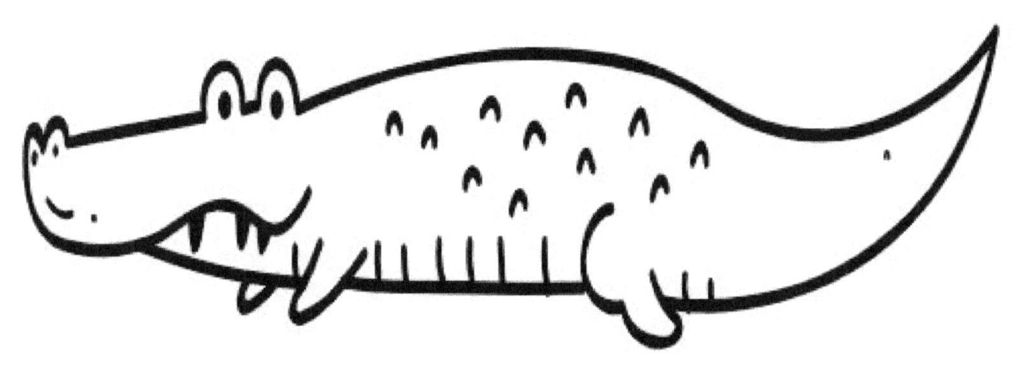

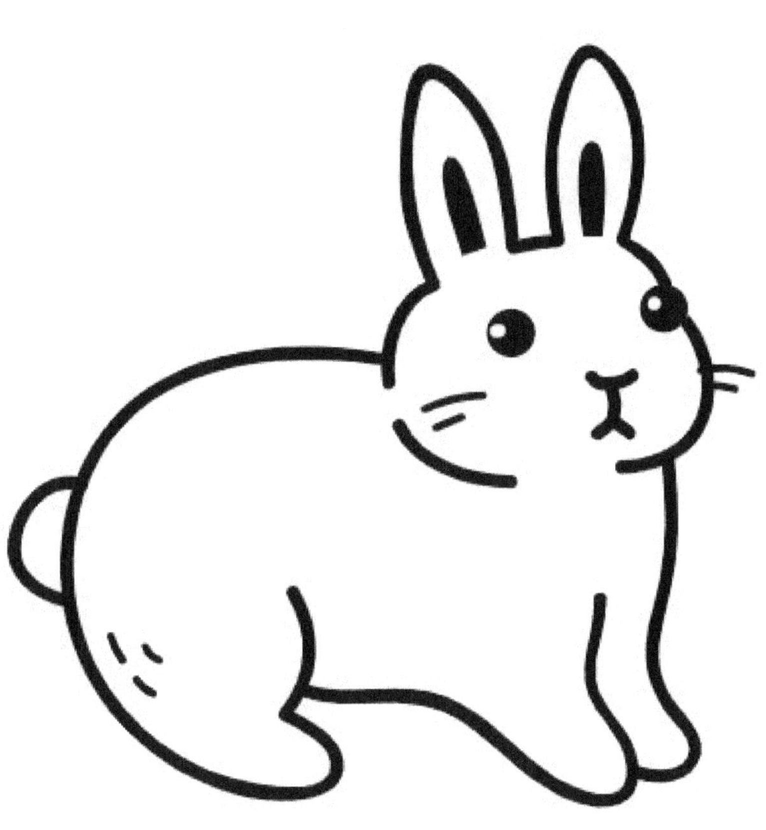

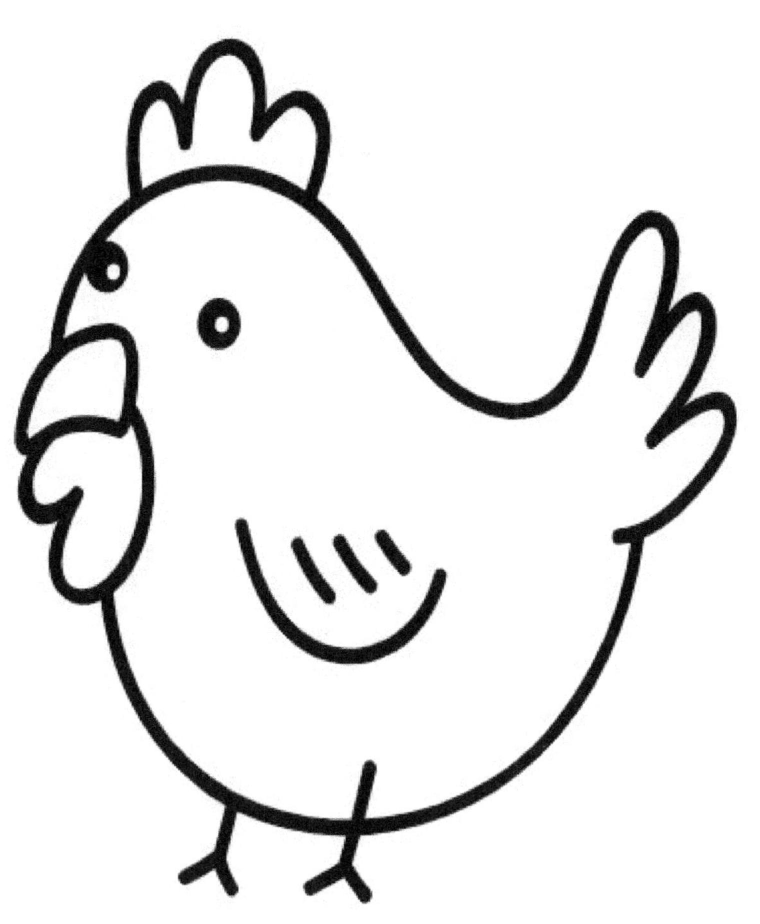

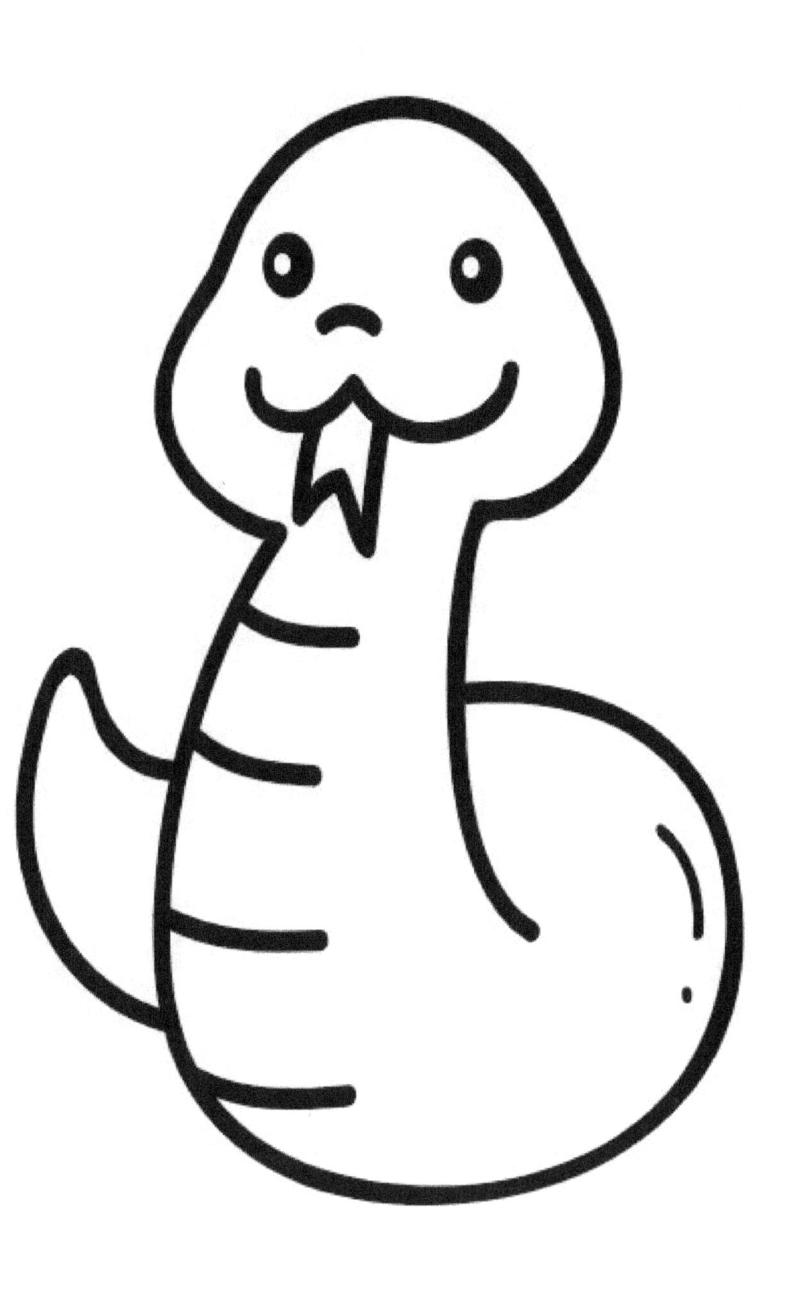

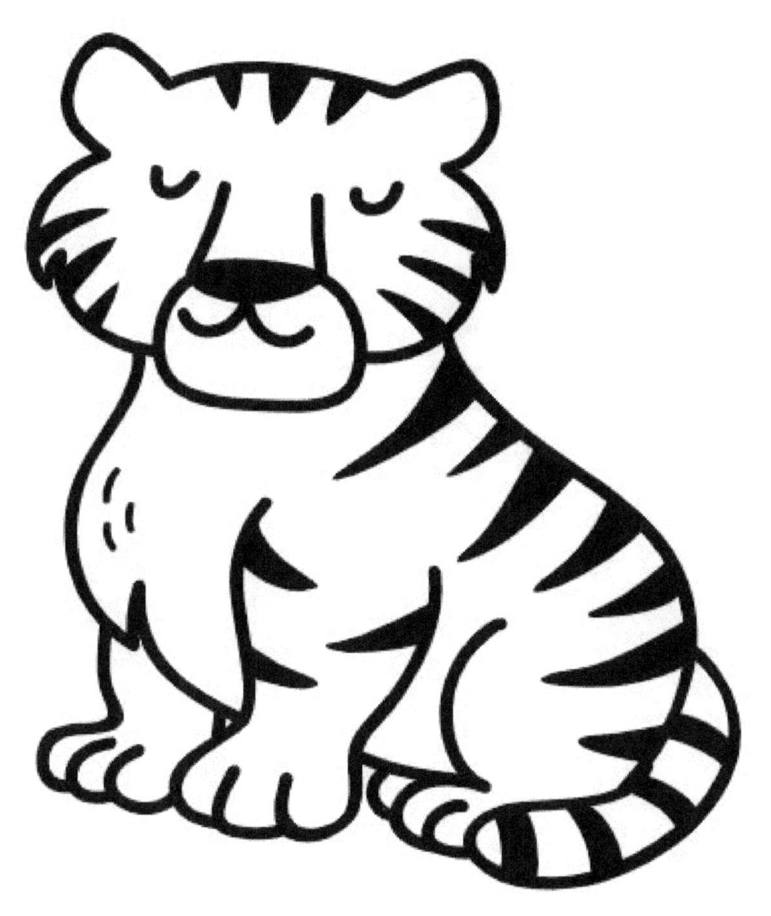

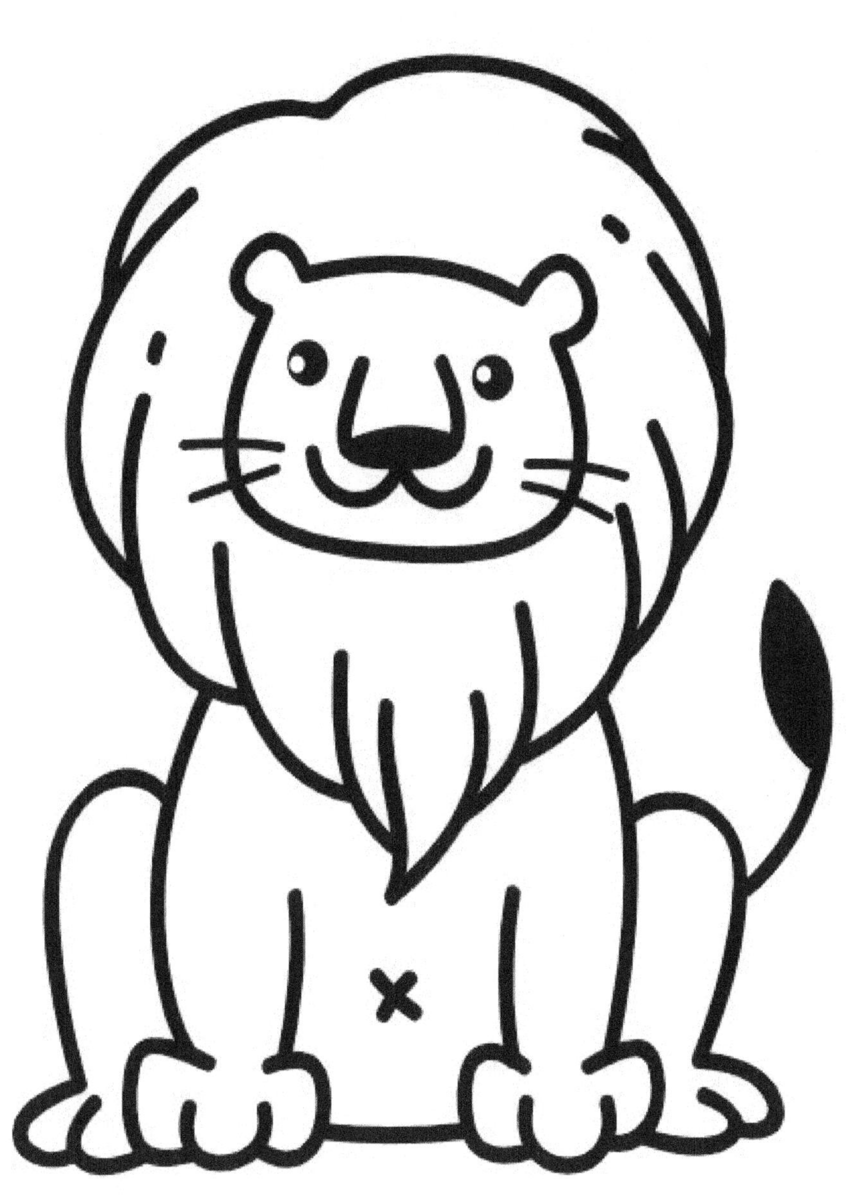

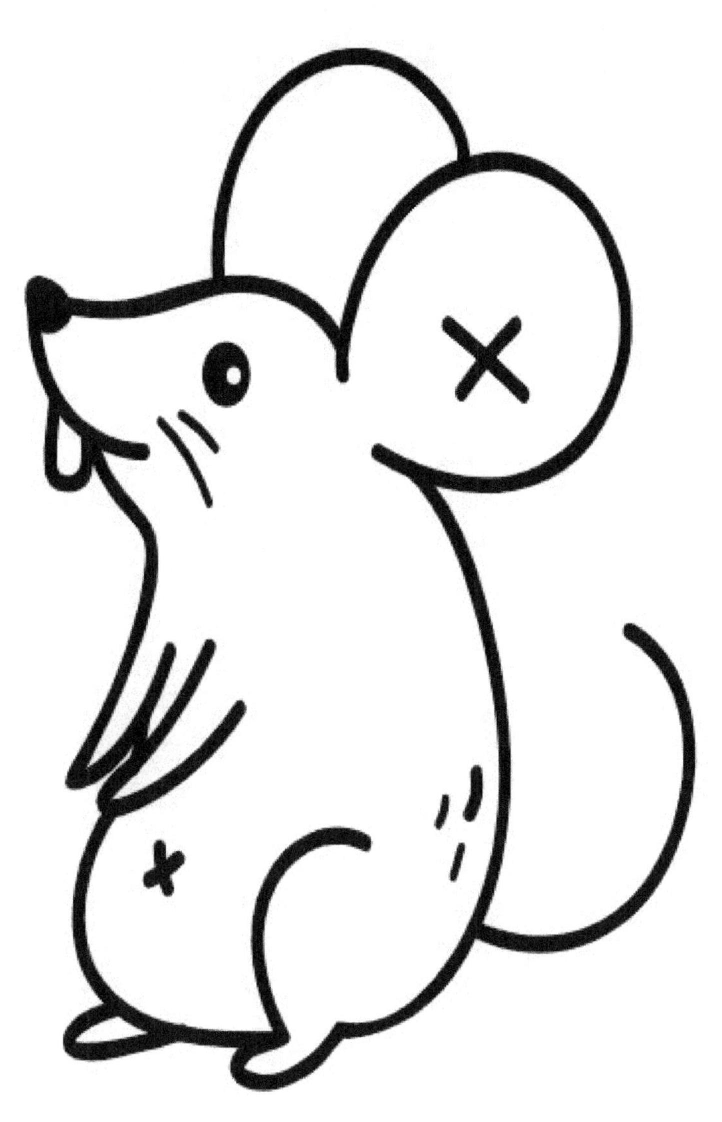

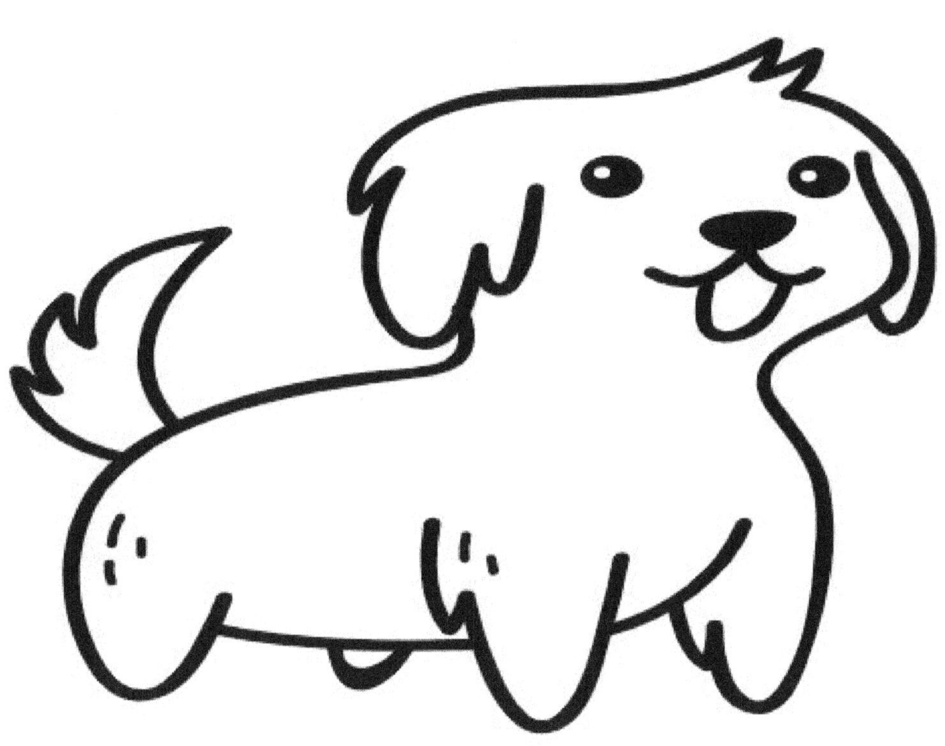

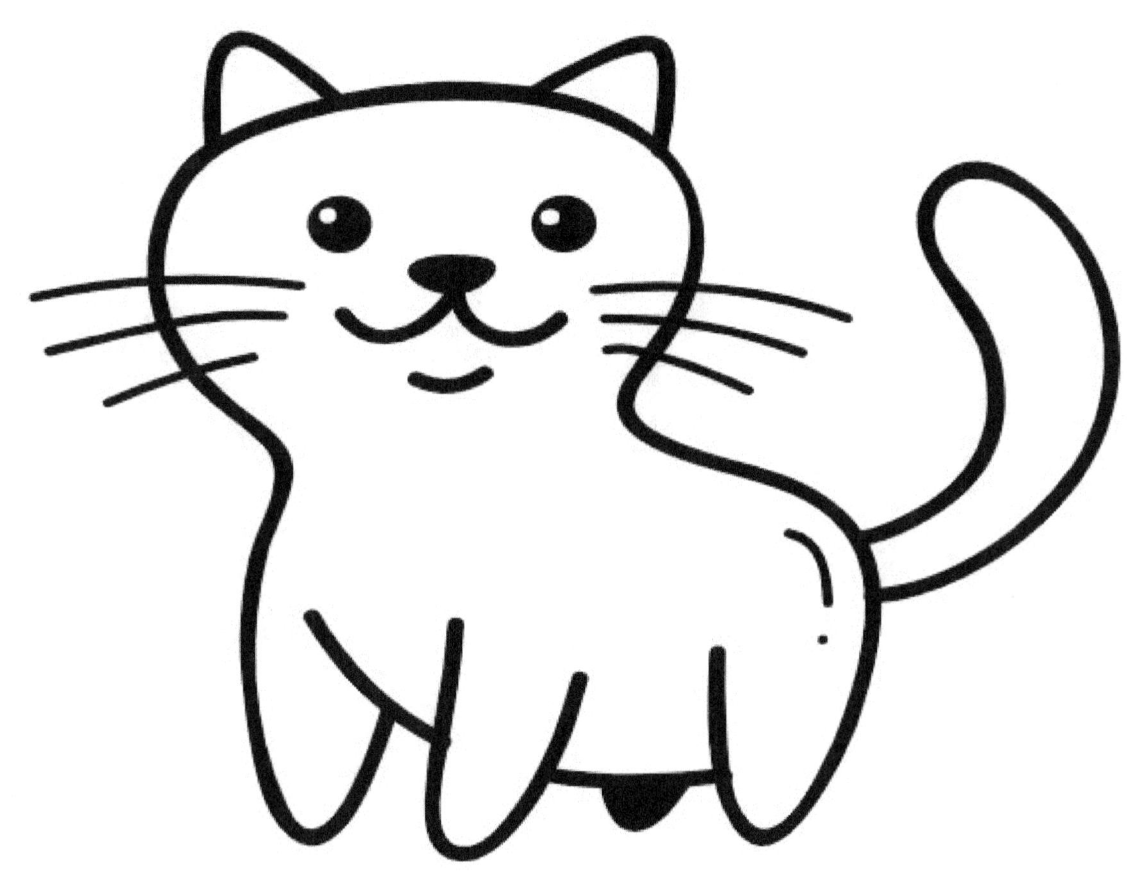

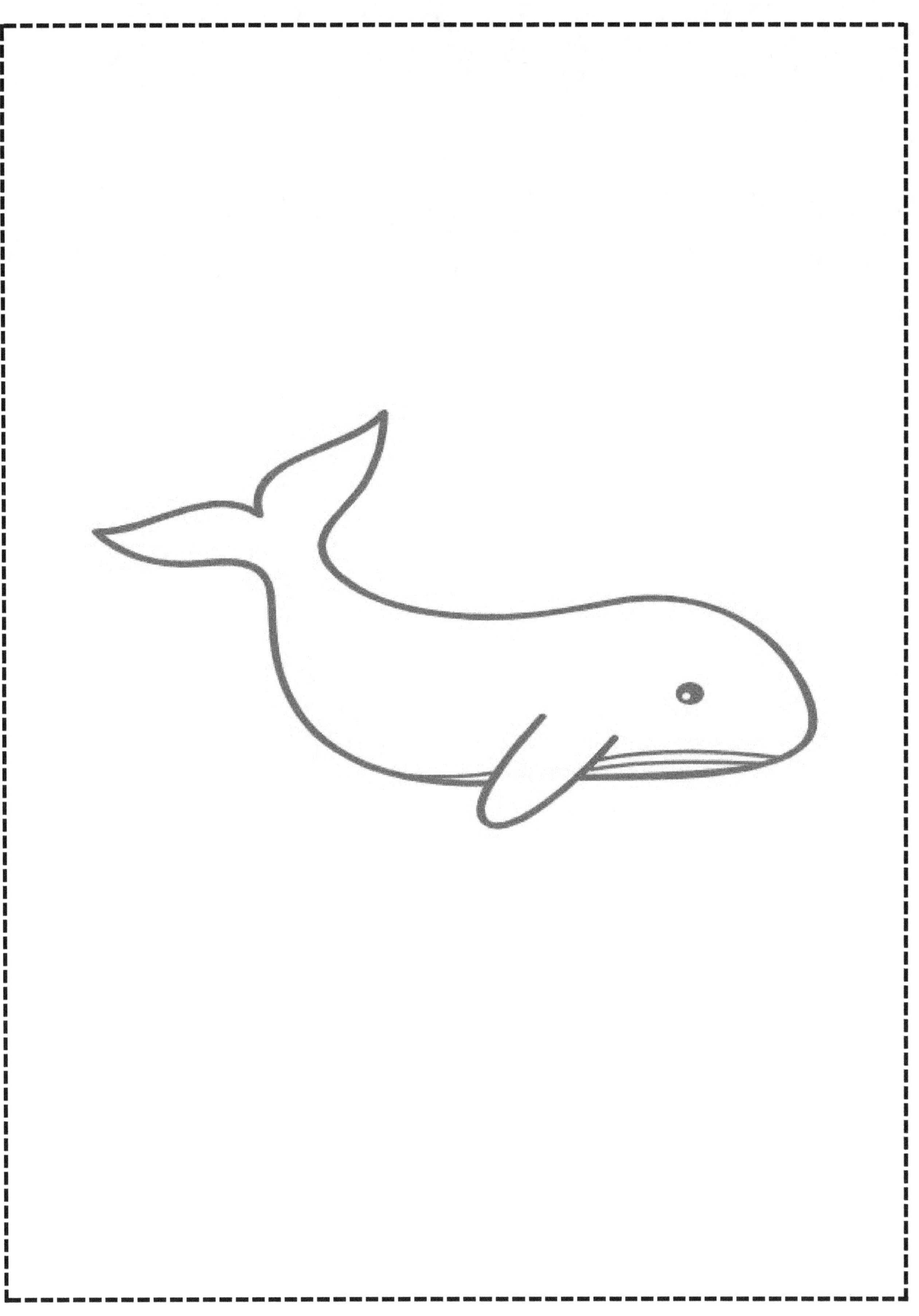

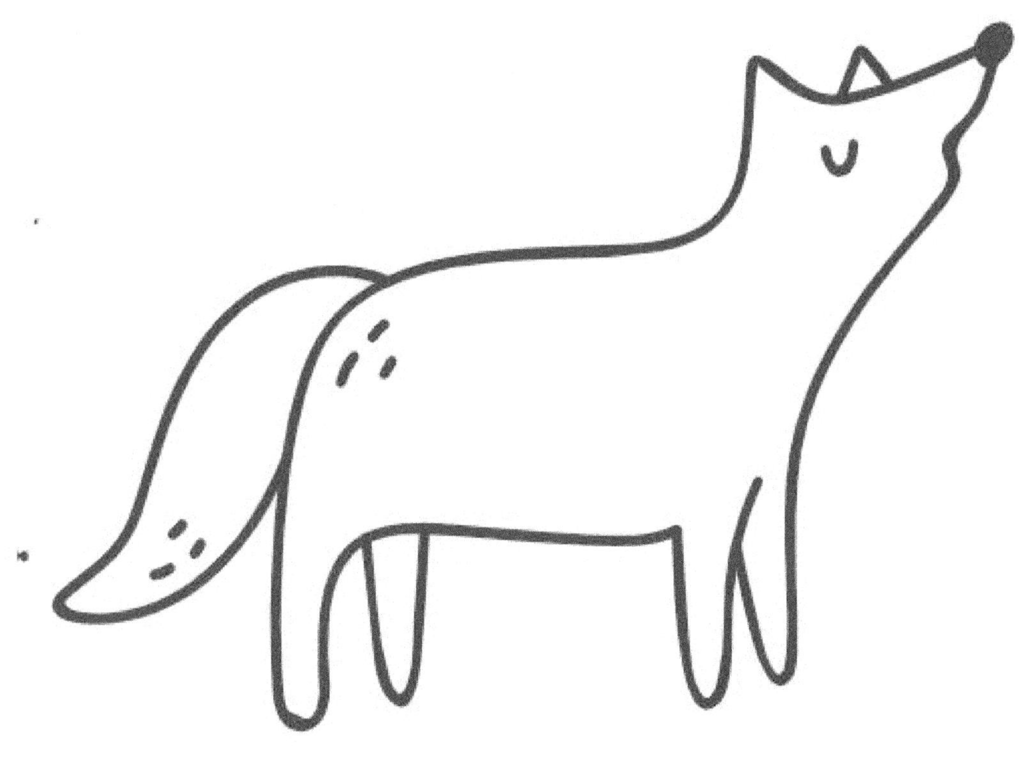

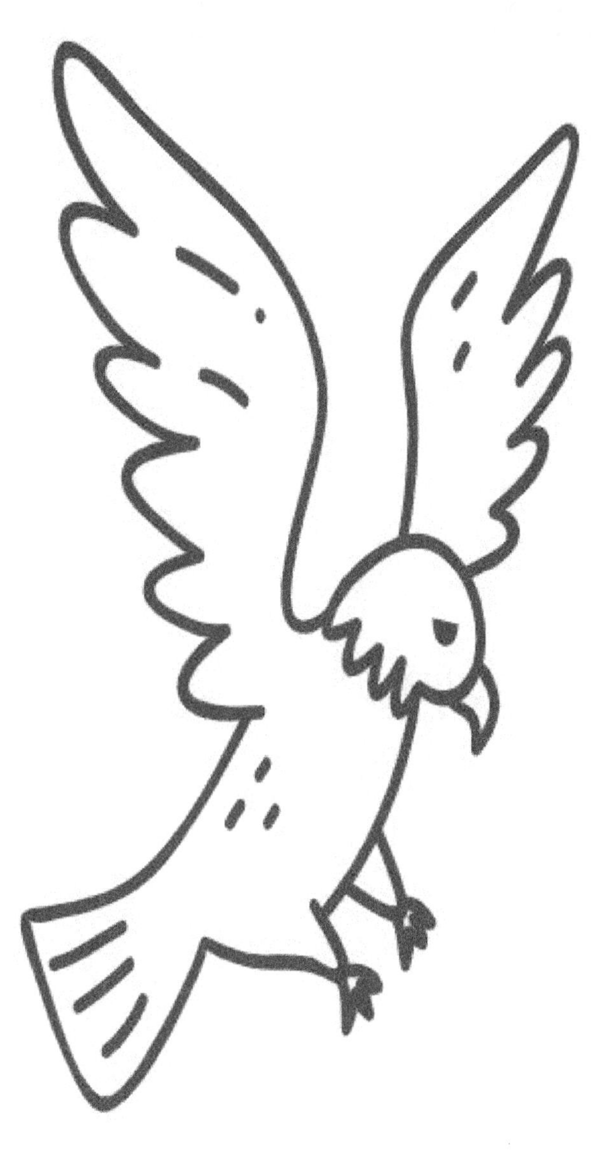

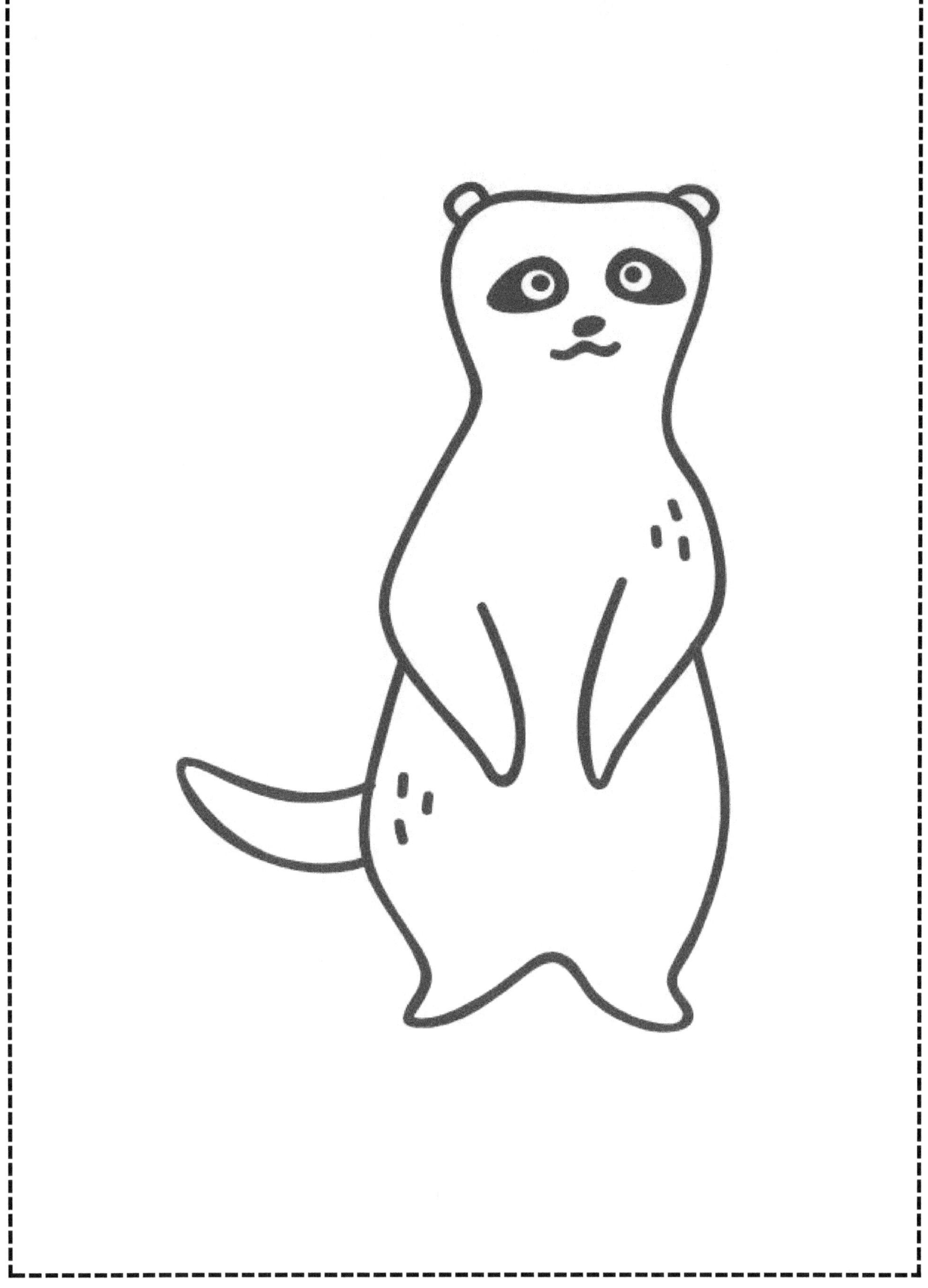

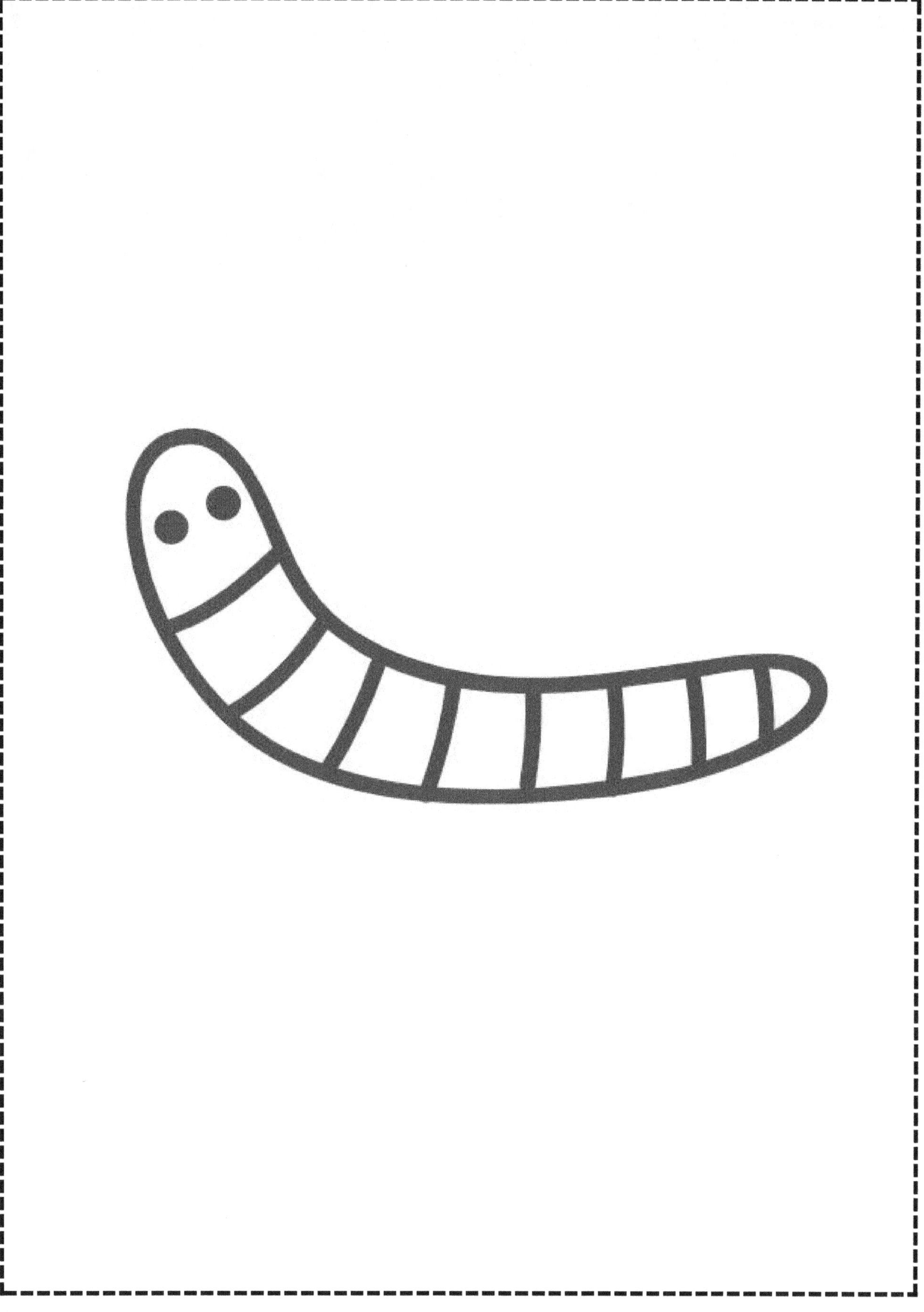

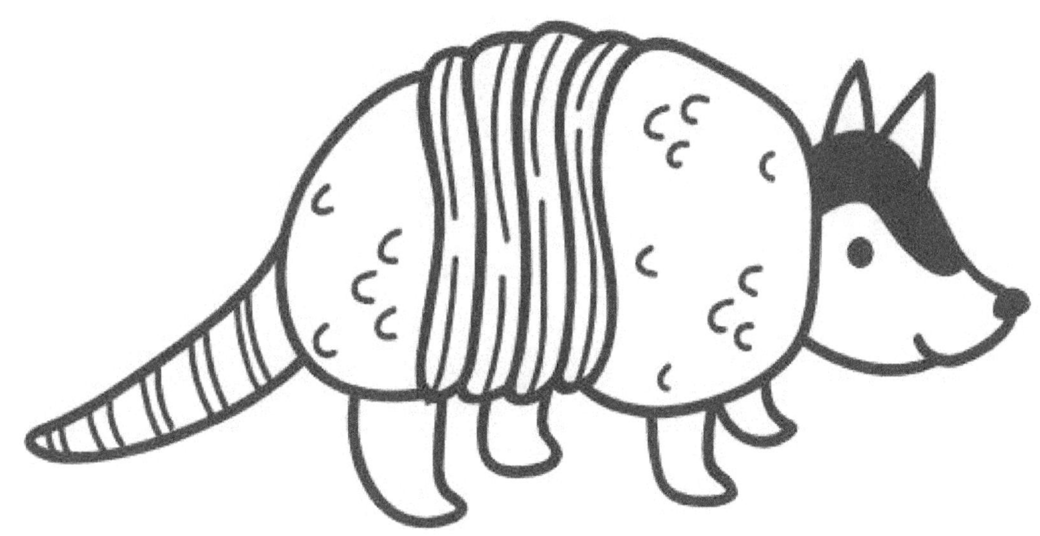

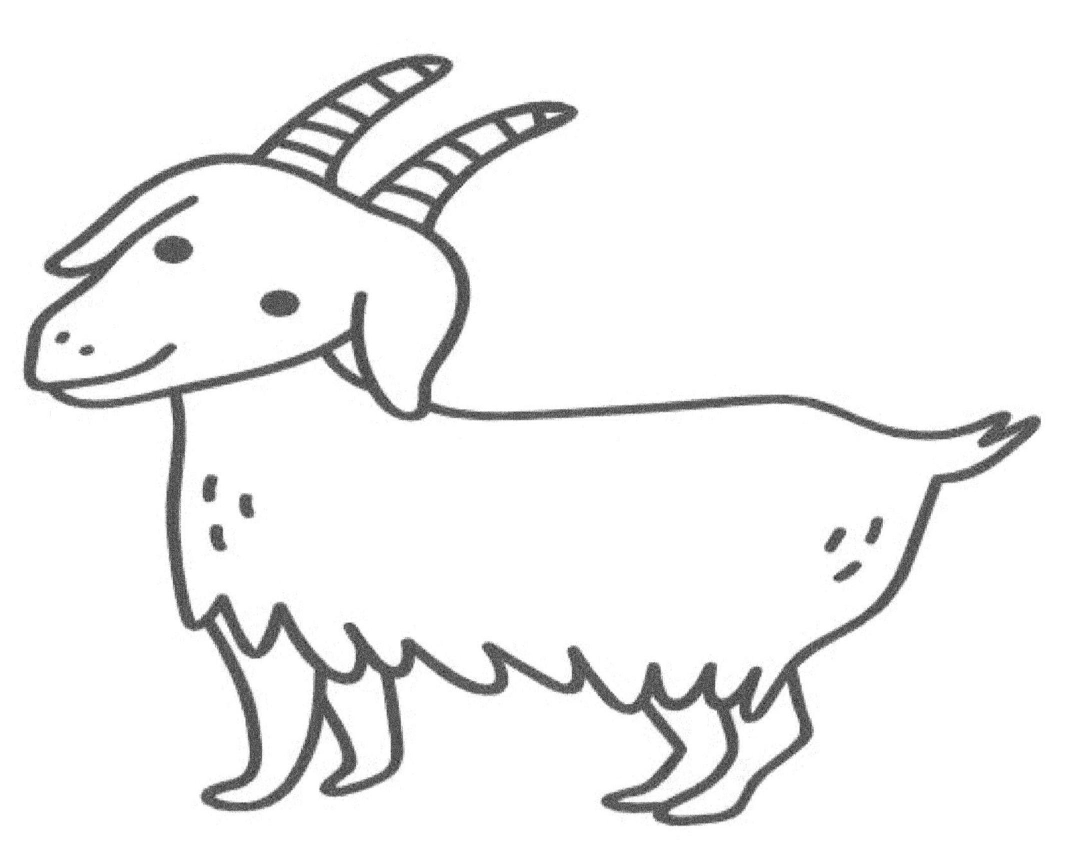

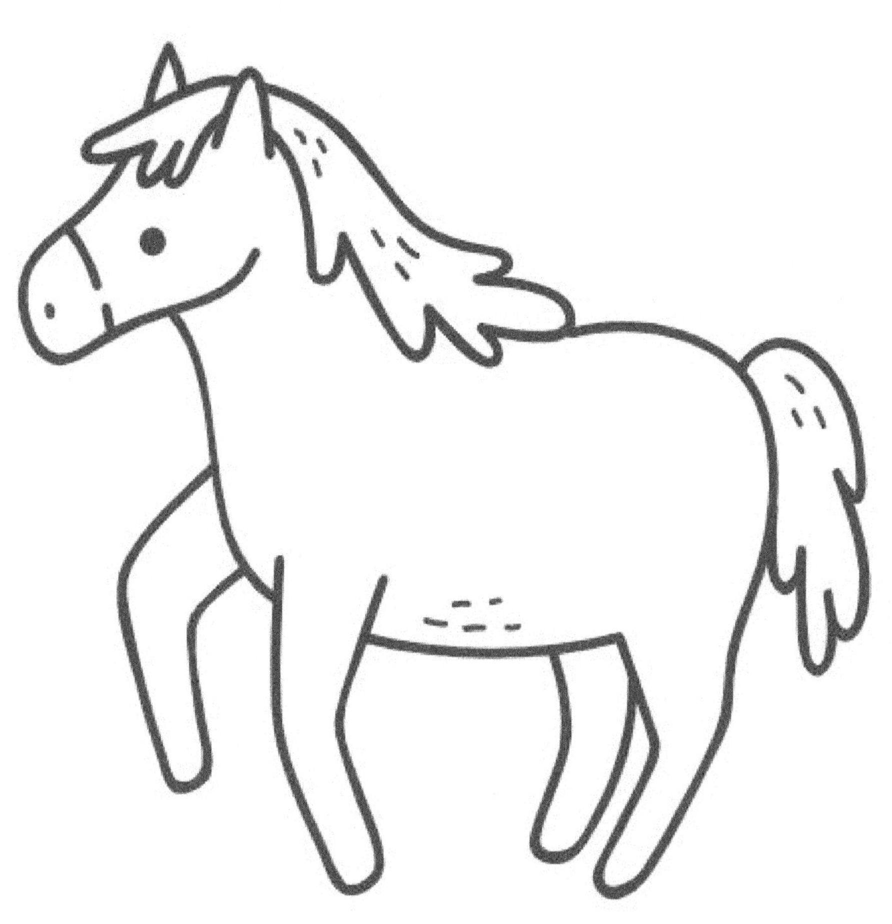

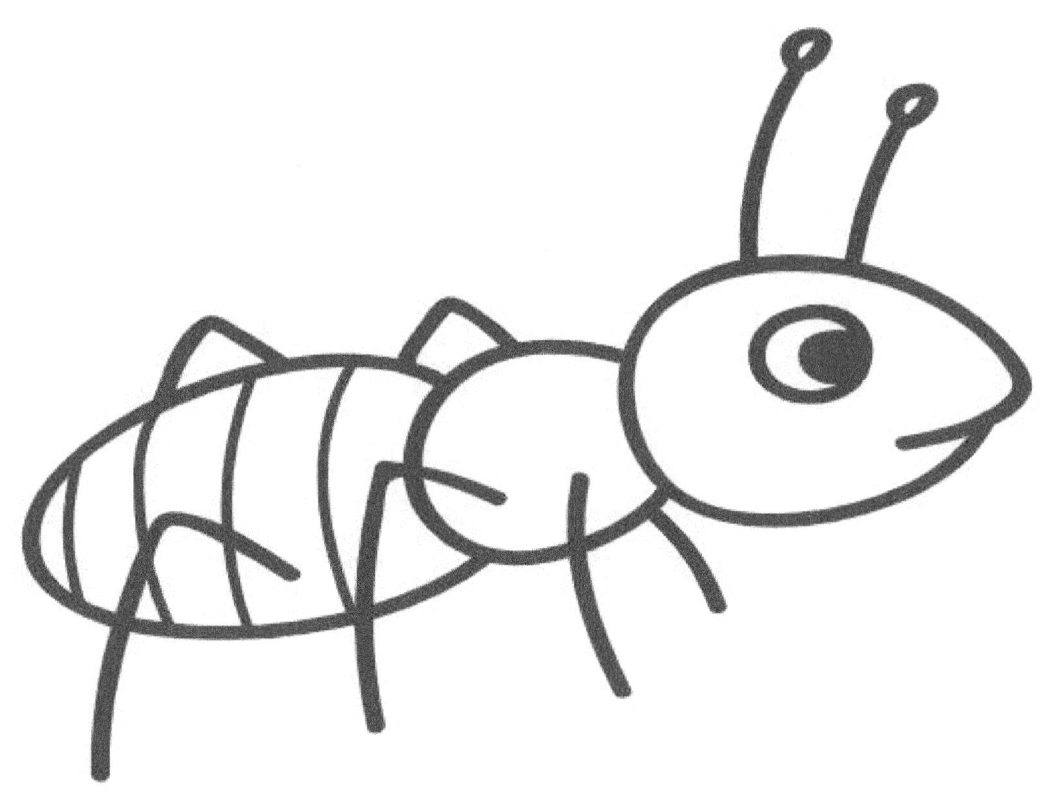

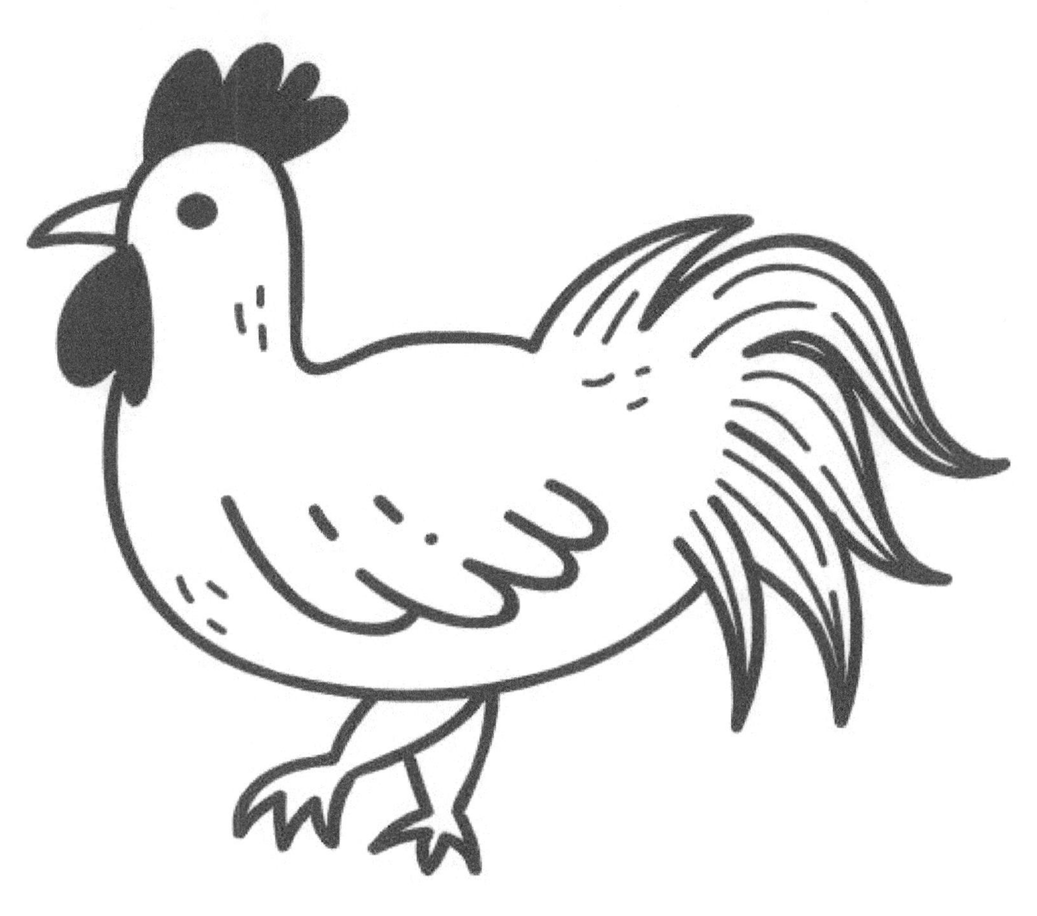

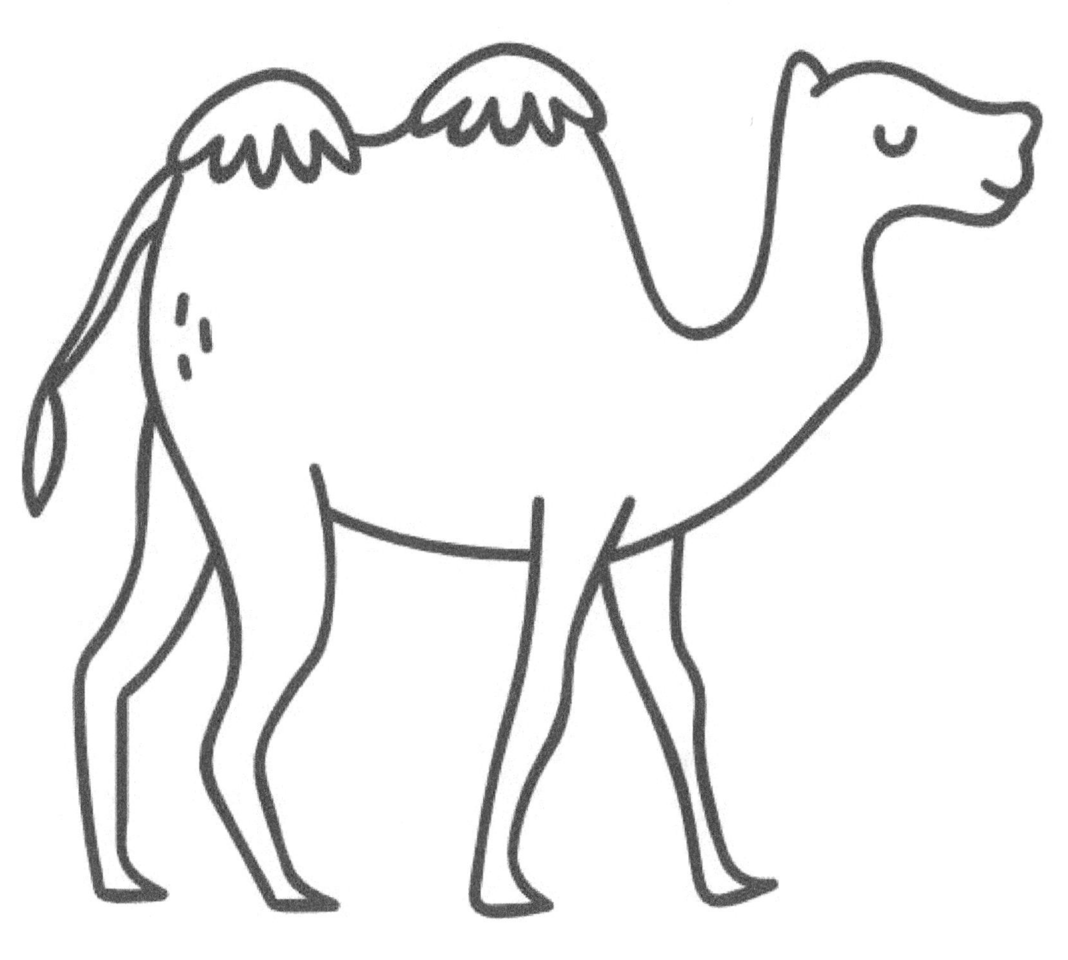

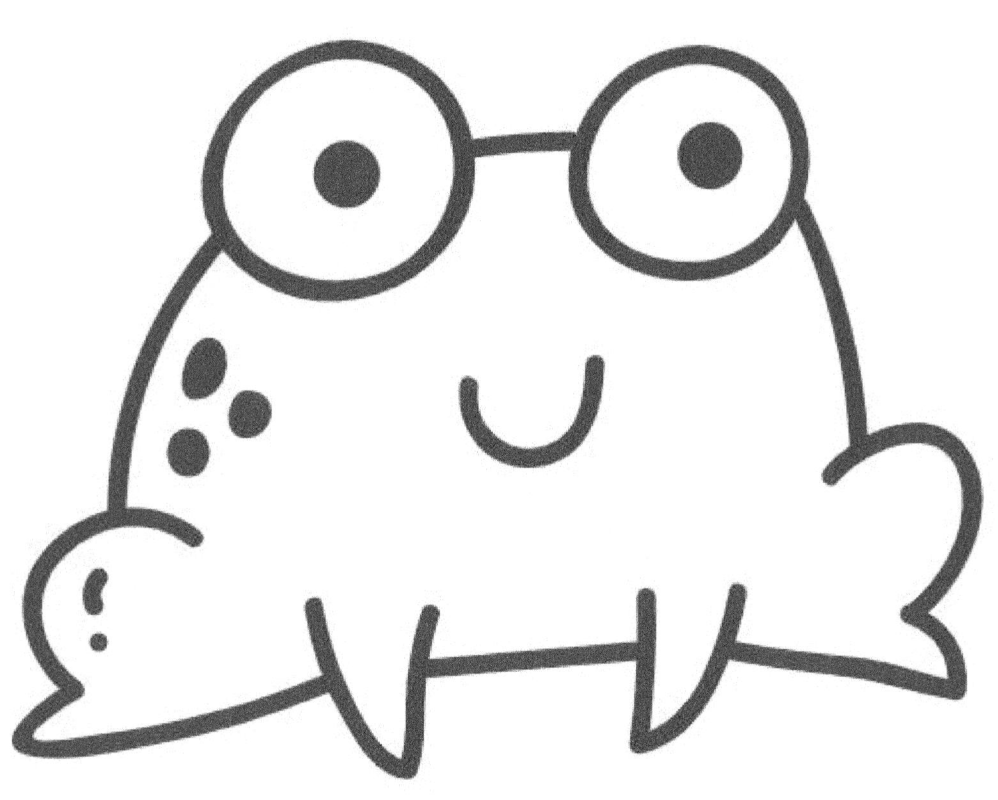

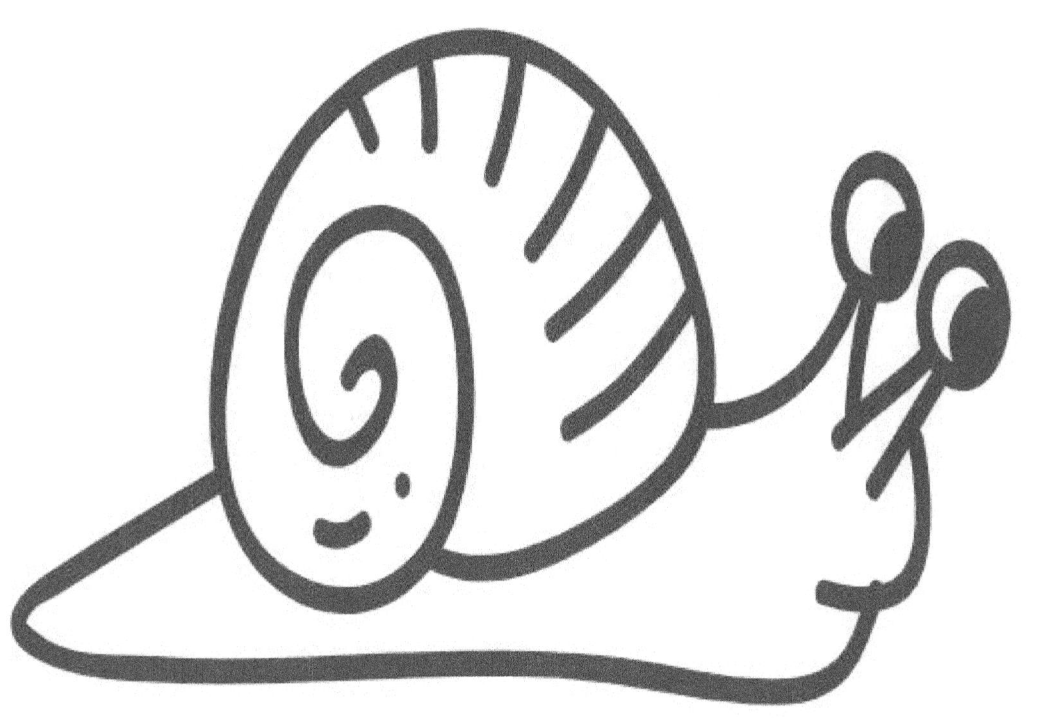

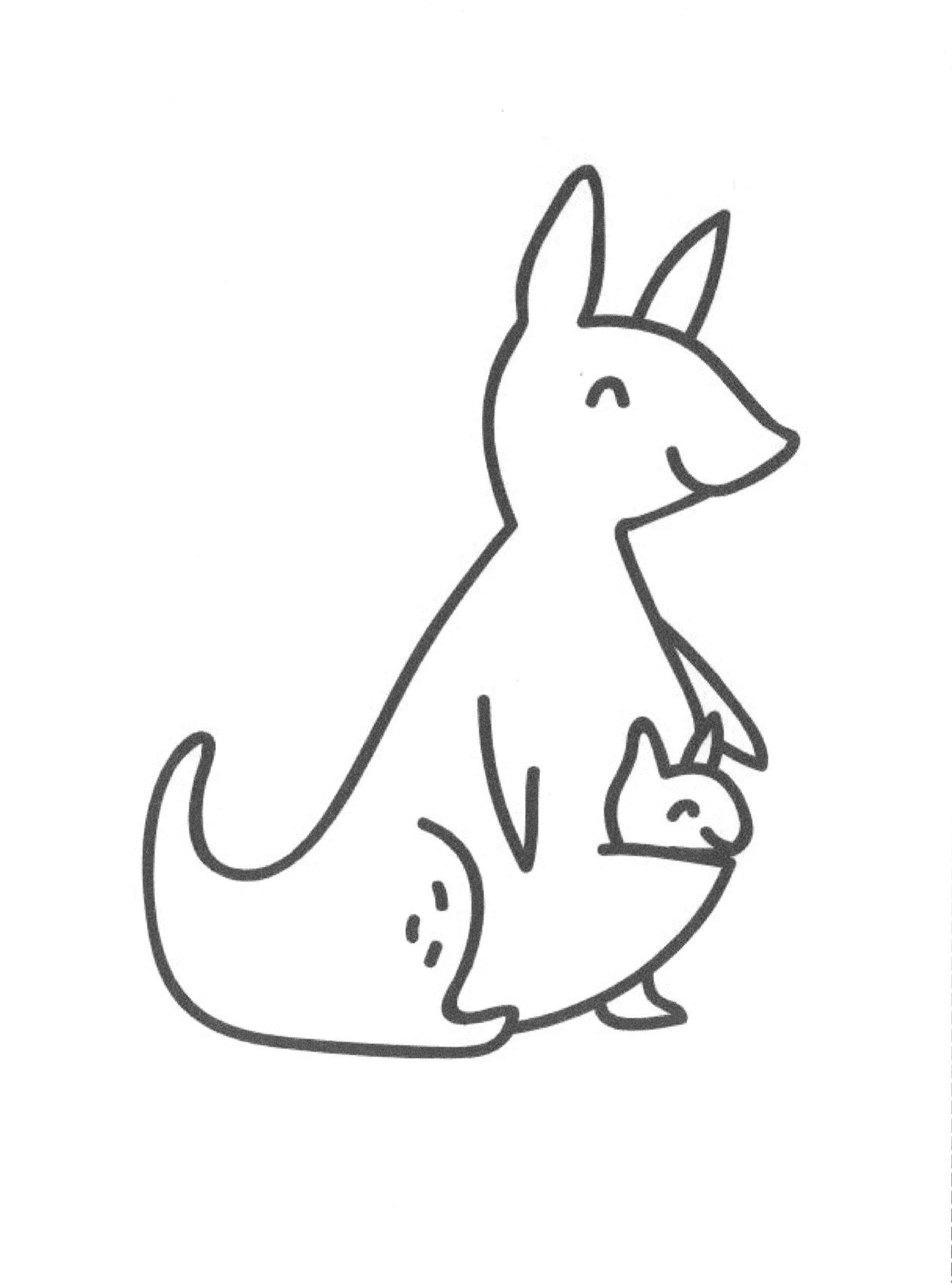

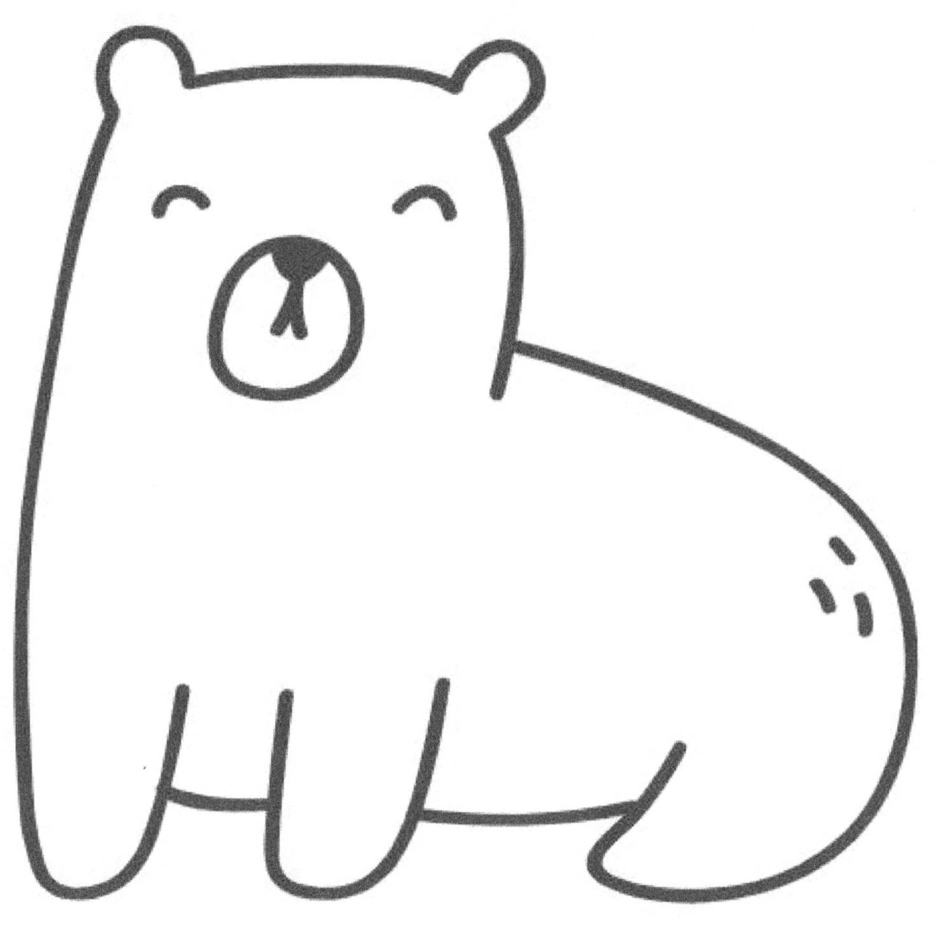

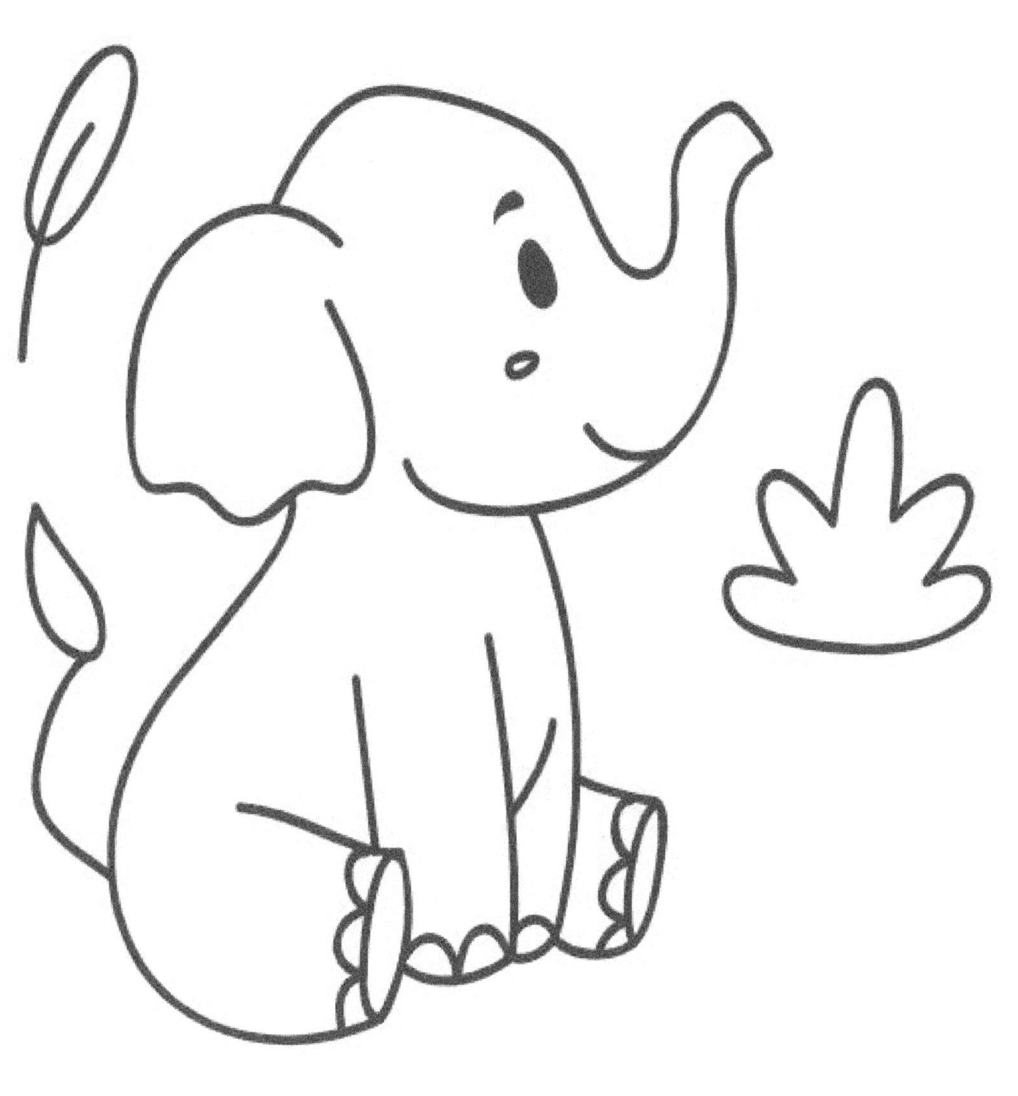

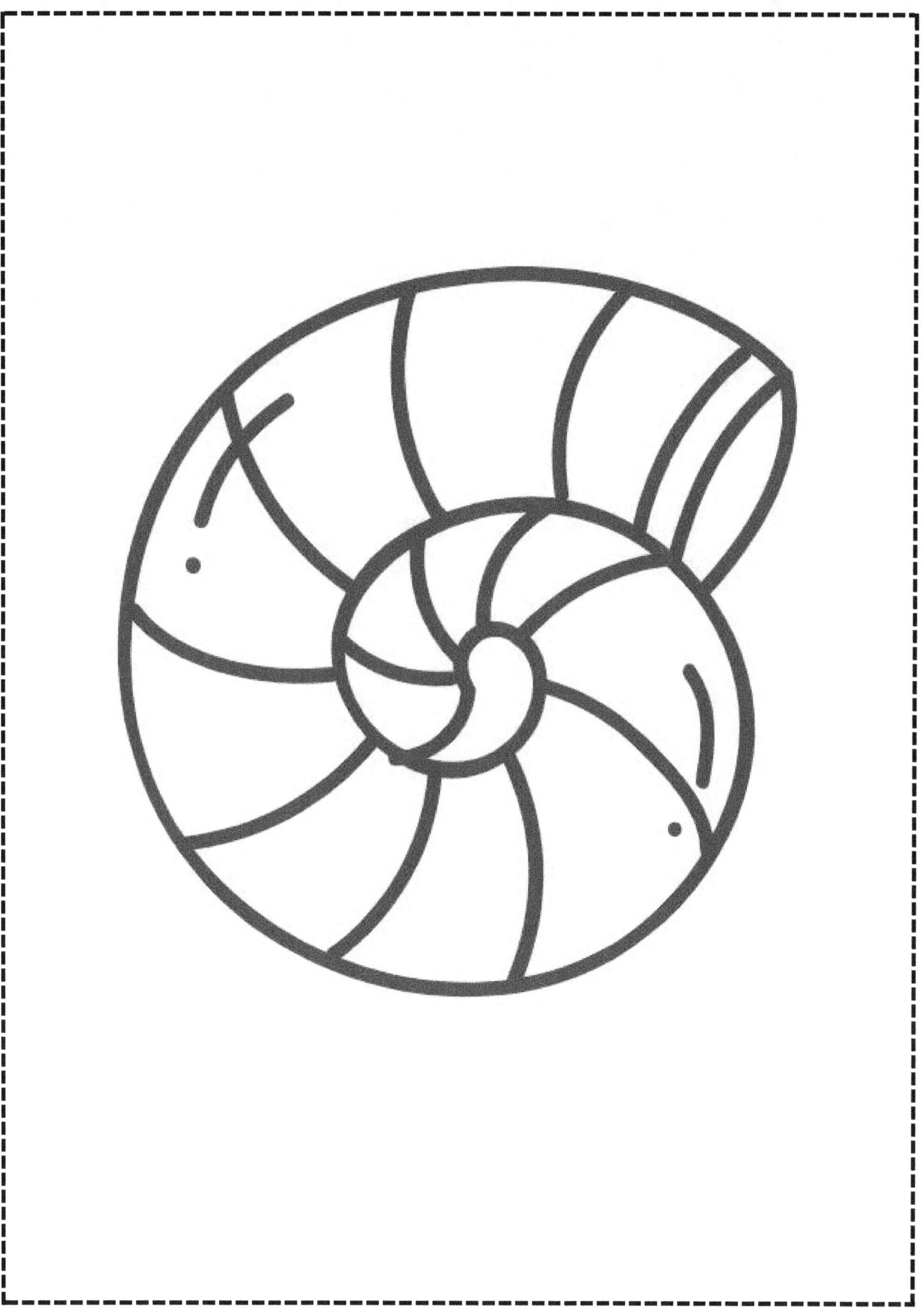

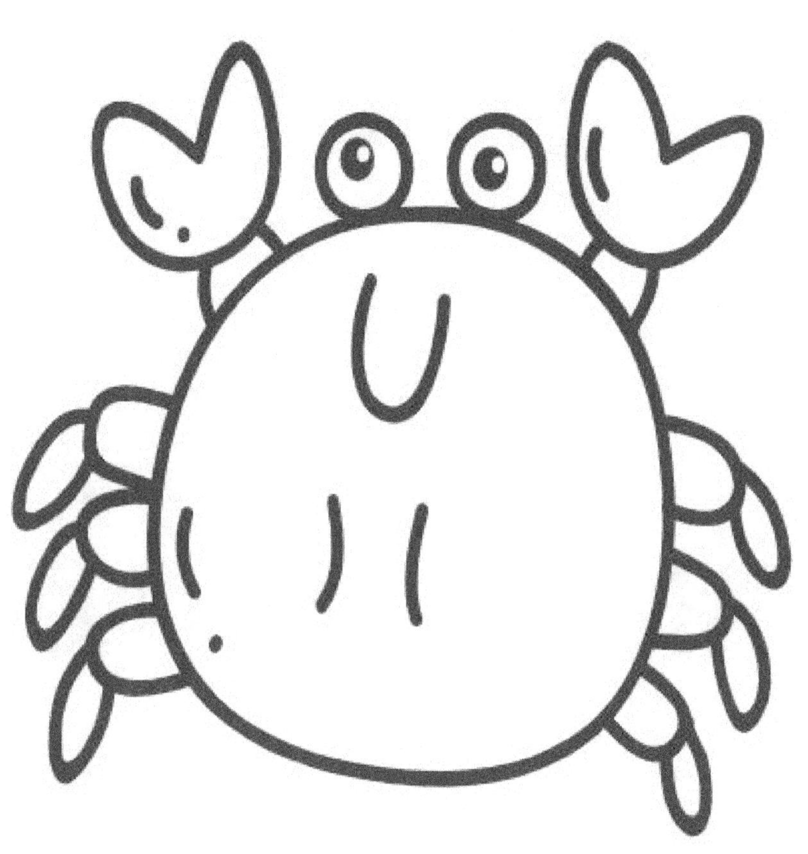

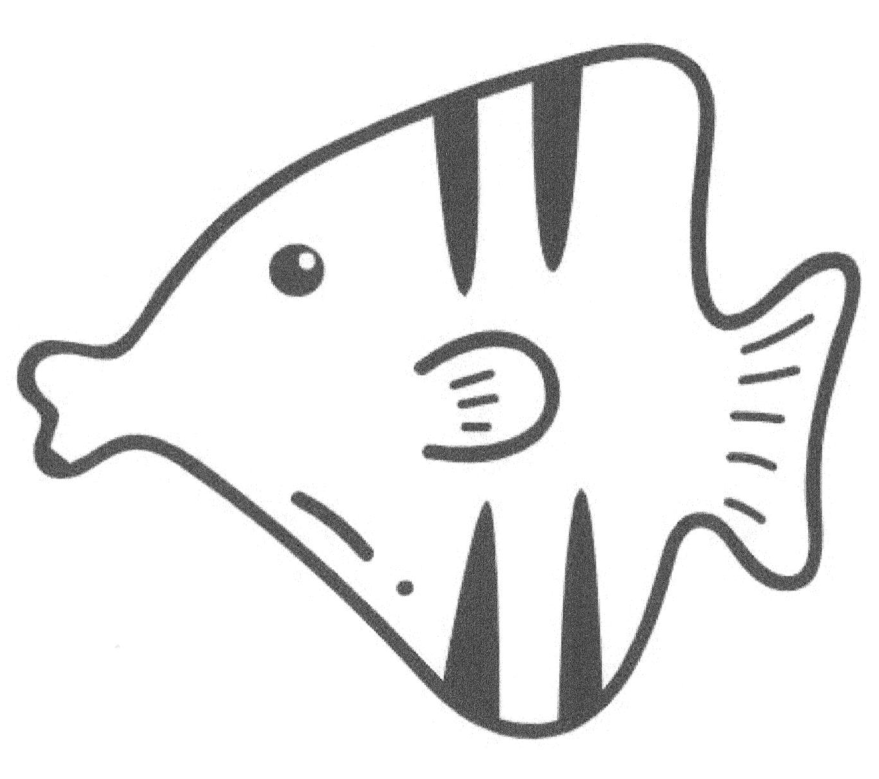

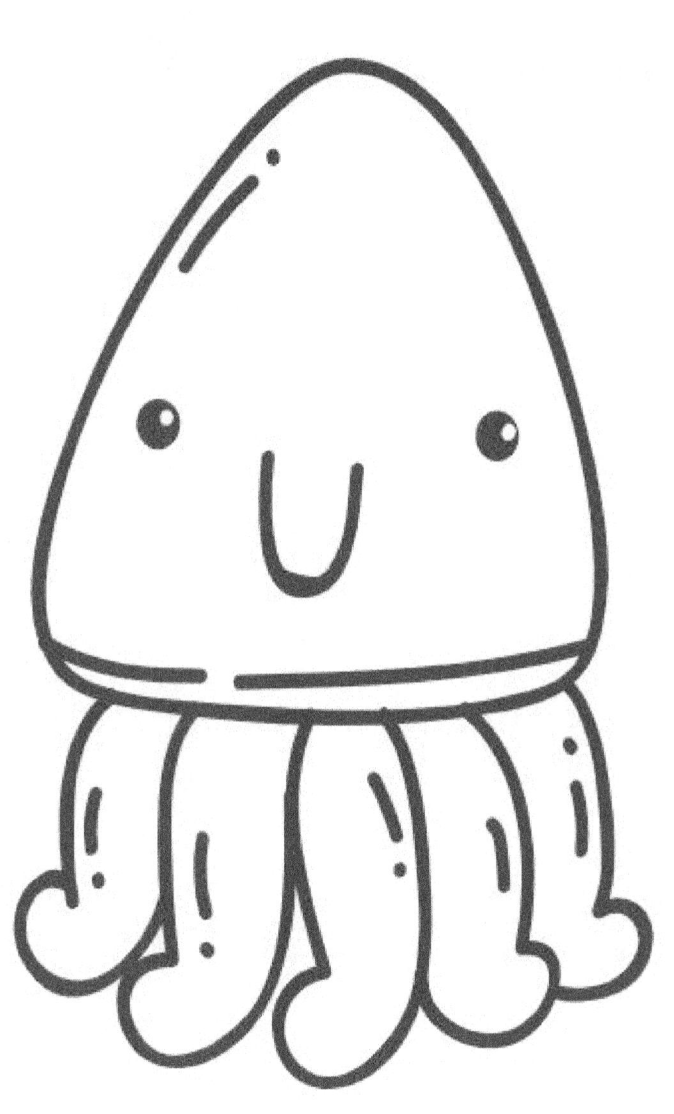

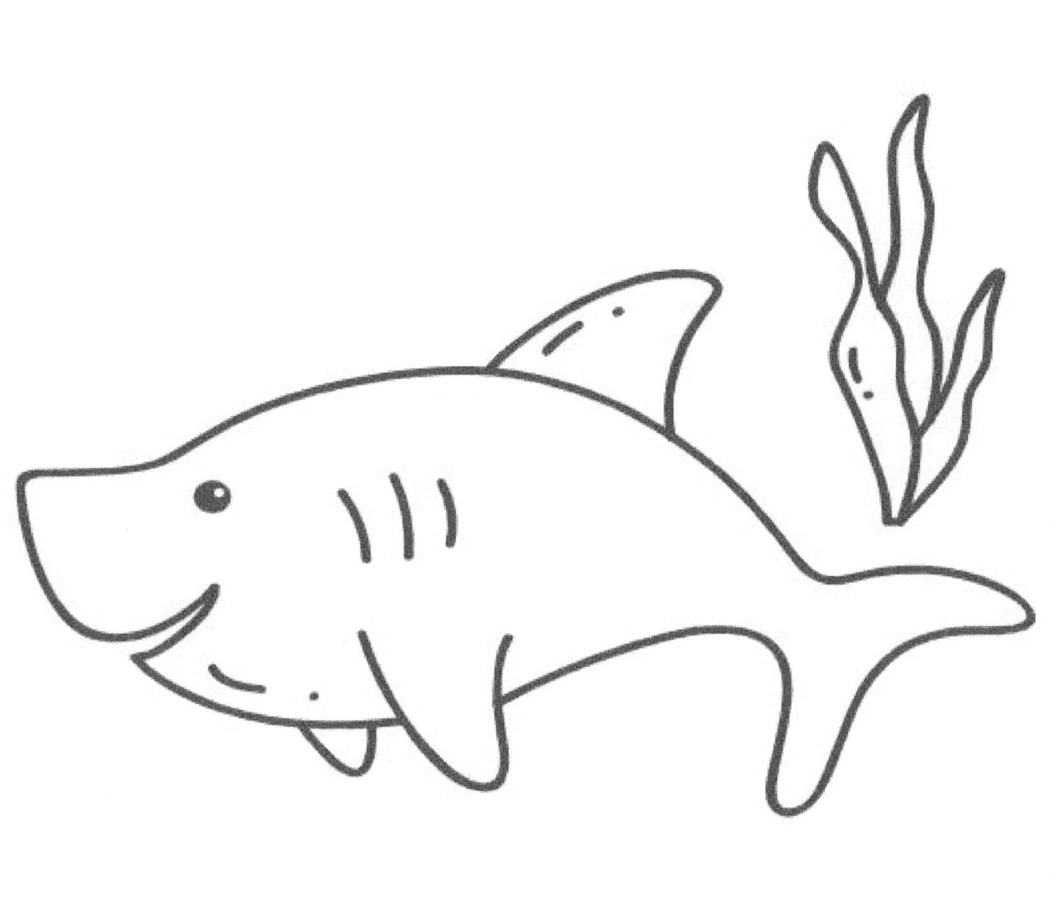

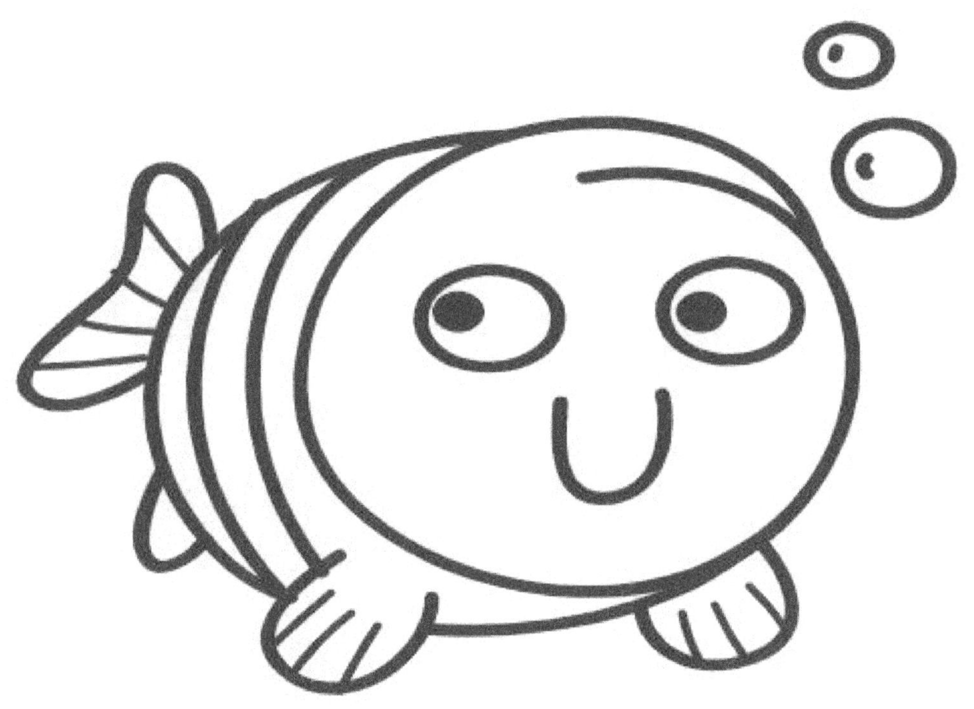

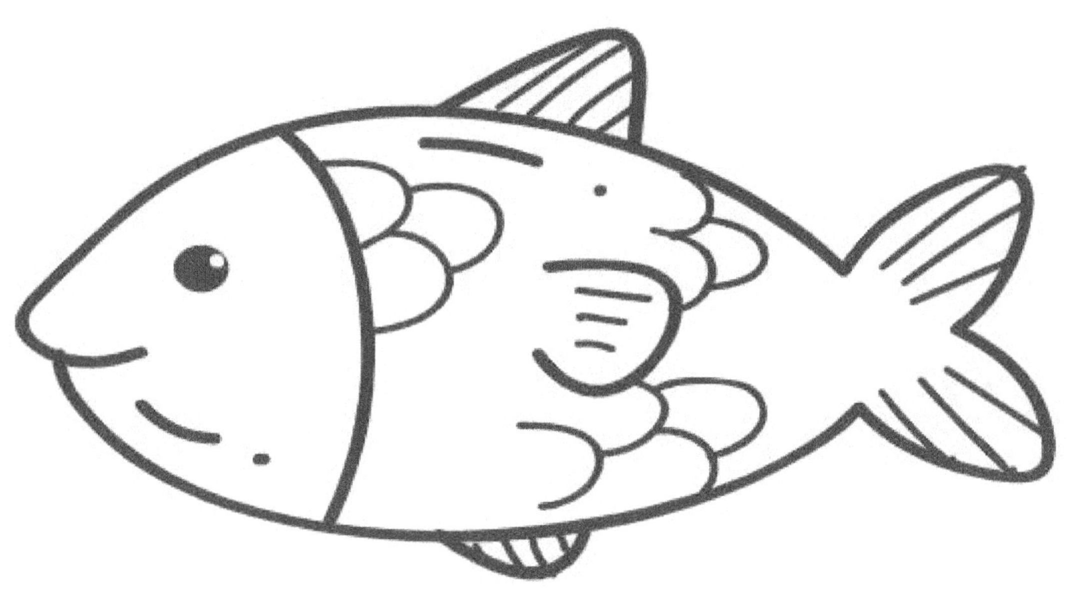

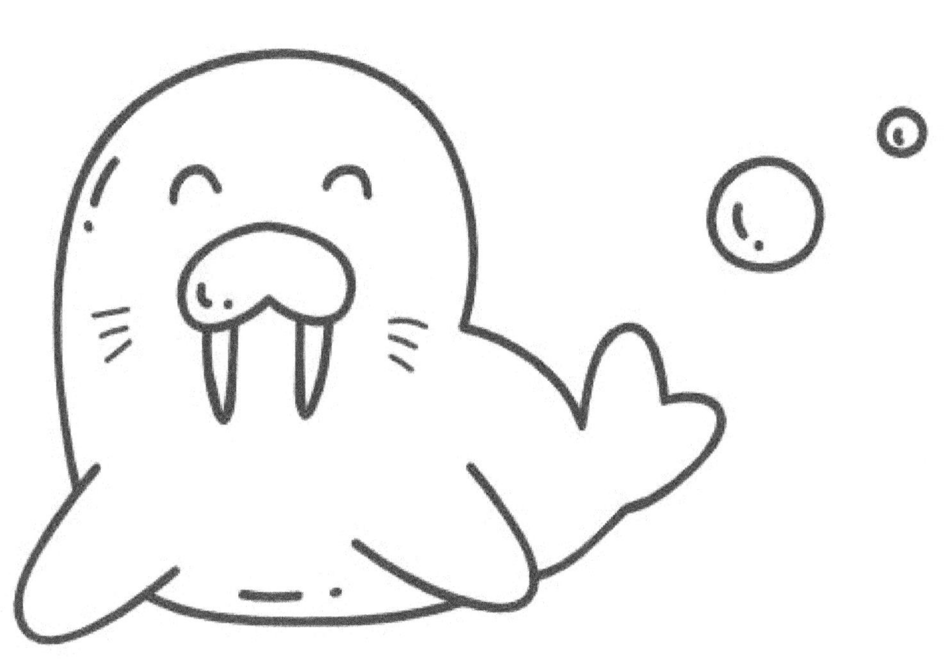

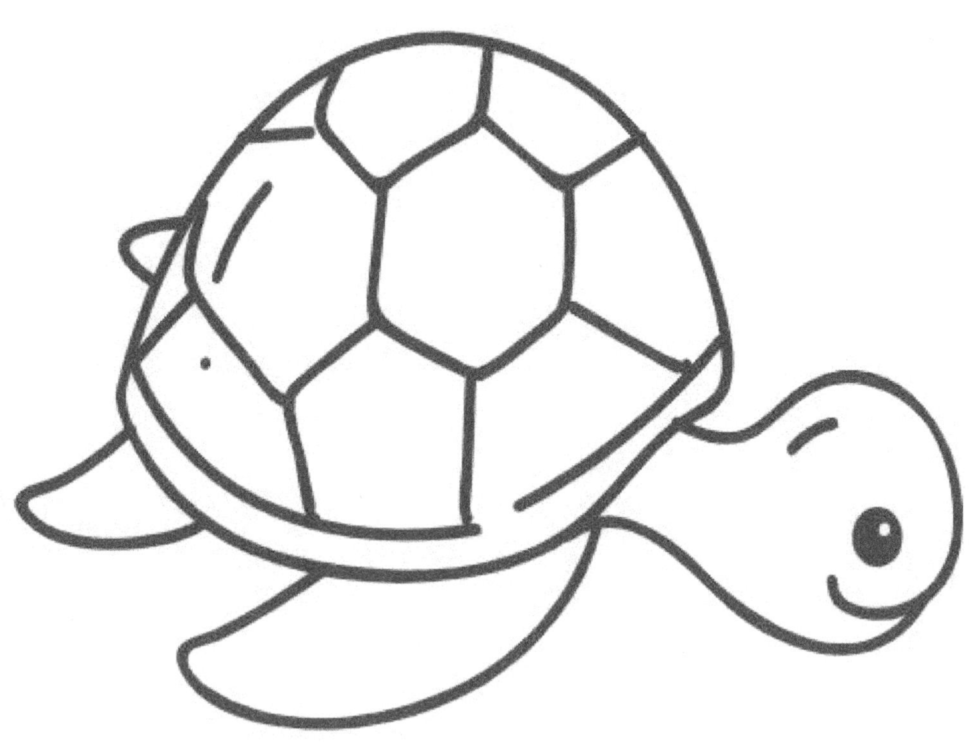

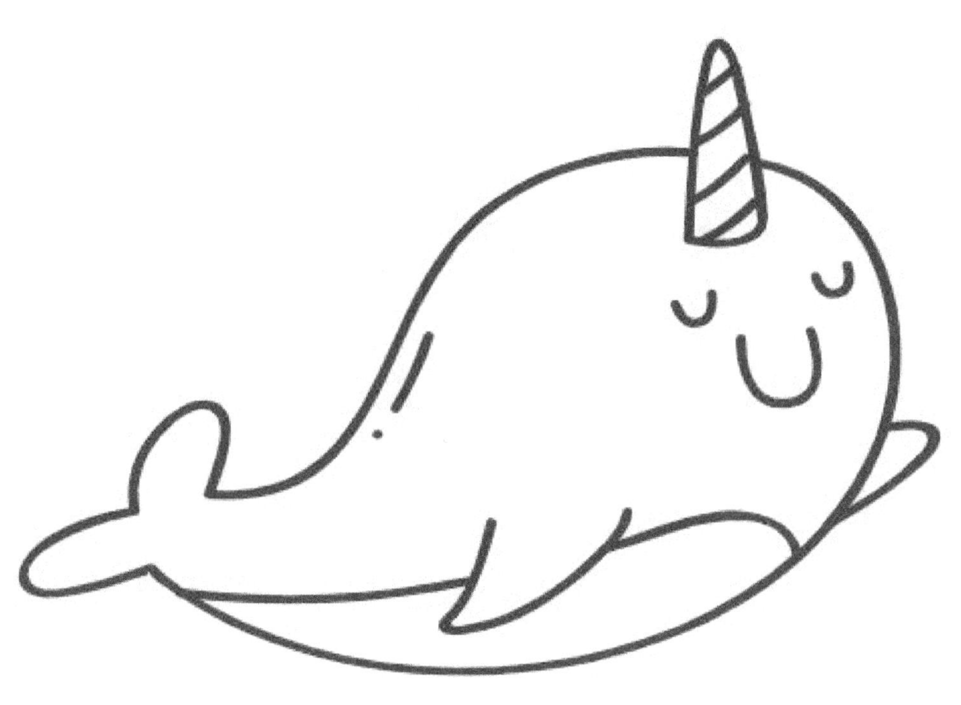

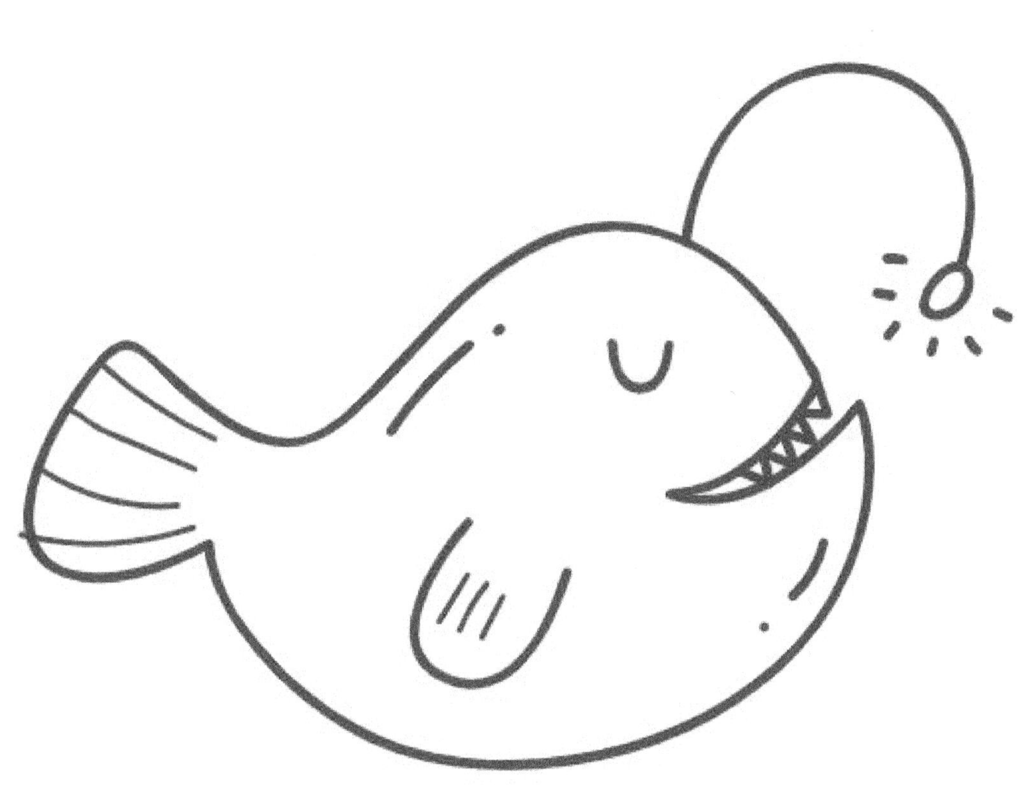

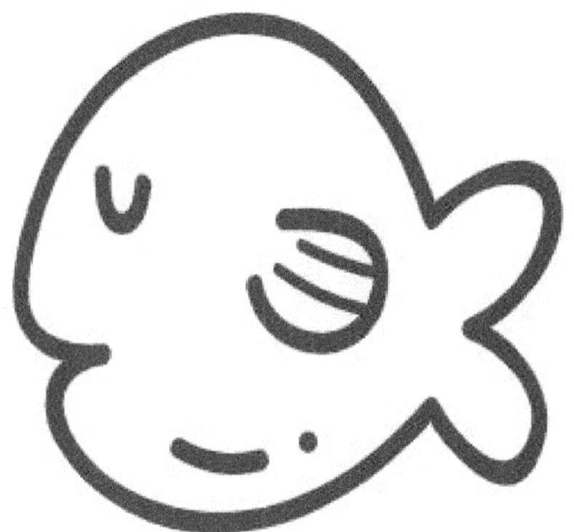

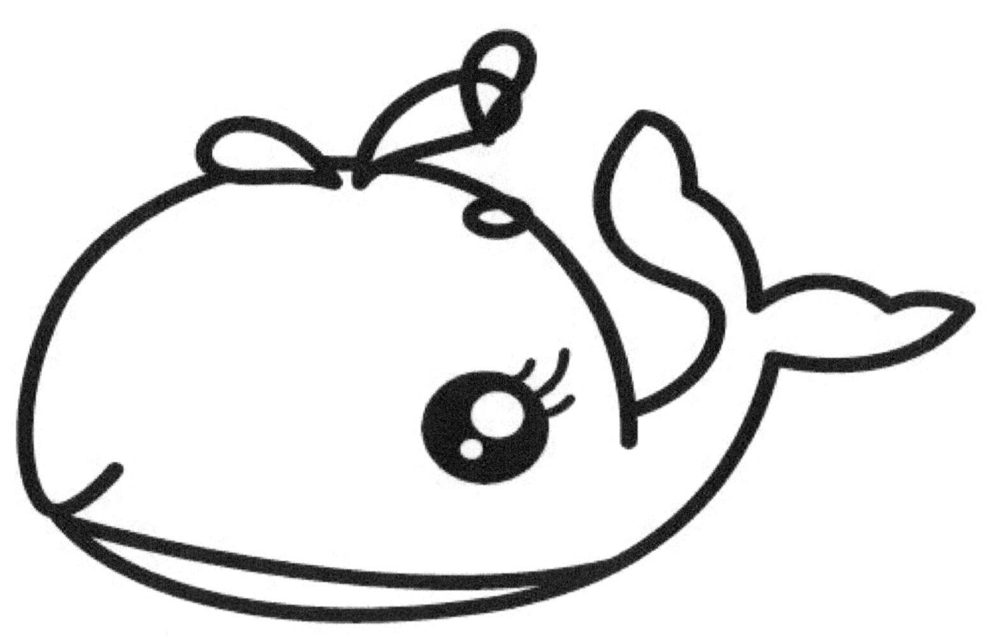

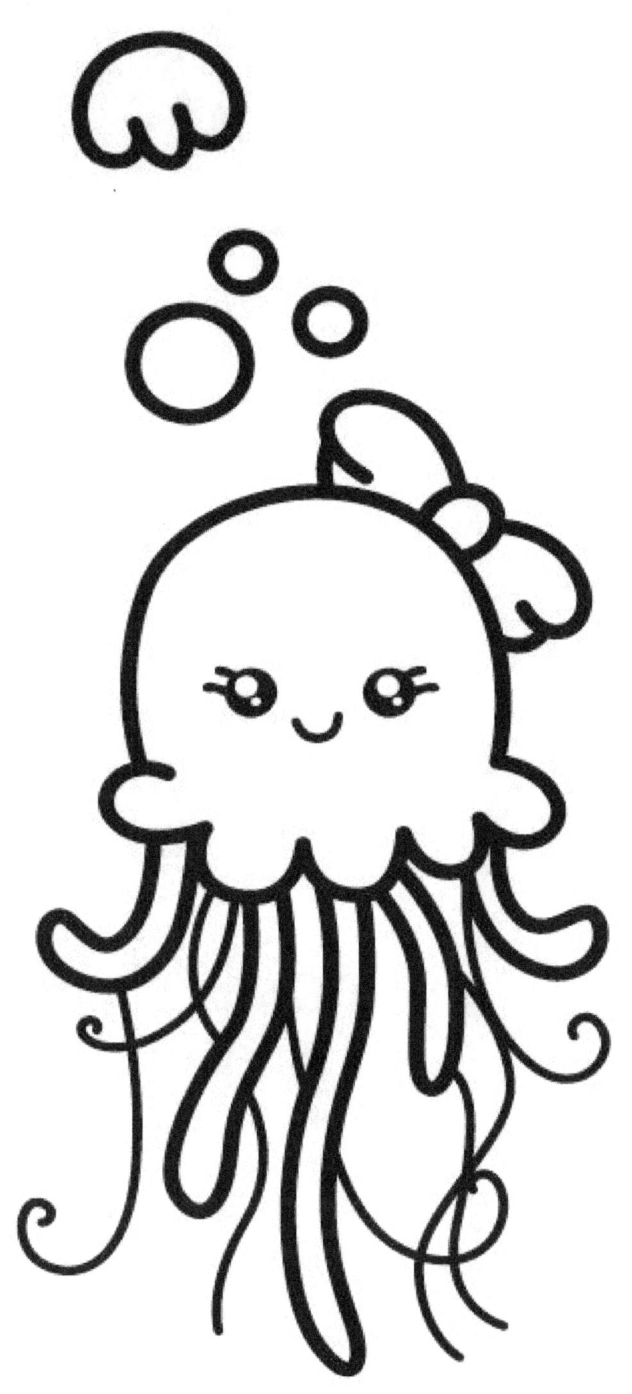